수도승에게 듣는 시대의 질문에 대한 지혜
더 넓은 곳을 향하여

수도승에게 듣는 시대의 질문에 대한 지혜

더 넓은 곳을 향하여

얀 파울라스, 야로슬라프 세벡과의 대담
(Jan Paulas, Jaroslav Šebek)

안셀름 그륀 저

전헌호 역

불휘미디어

서문

질문은 생각을 키운다. 내가 저술한 모든 책의 주안점은 이론적이고 추상적인 생각을 촉진하는 것이 아니다. 사람들이 나와 대화를 하는 중에 또는 내가 강의를 하거나 피정 지도를 하는 중에 받아 왔고 또 자주 다시 듣는 현실적인 질문들에 대해 구체적으로 응답하기 위해 글을 써 왔다. 글을 쓸 때 나의 원칙은 생의 한가운데 있는 성인들을 늘 염두에 두는 것이다. 그들의 질문은 나를 자극하여, 어떤 답변을 해야 삶의 근본적인 요소들을 이해하는 데에 나와 그들에게 도움이 될 것인가에 대해 깊이 생각하게 한다. 나는 그런 사람들 세계로 깊이 들어가려 하고, 무엇이 그들의 마음을 건드리며 질문을 품게 하는지 알아보고자 하며, 내 글이 도움이 될지도 모를 방법을 제시하려고 애를 쓴다.

1990년대 초반부터 나의 몇몇 책들은 프라하의 카르멜리탄스케 나클라다텔스트비 Karmelitánské nakladatelství 출판사를 통해 체코어로 번역되어 출판되었는데, 체코 내에 꽤 널리 유포되었다. 삼 년 전에 이 출판사의 책임자인 얀 파트카 Jan Fatka 신부님이 나에게 새로운 기획을 제안했다. 그 기획은, 자신의 동료 두 명이 나에게 질문을 하면 내가 그에 대한 답을 하면서 서로의 생각을 교환하자는 것이었다. 나는 이 기획을 기꺼이 받아들여 이메일을 통해 정기적으로 질문을 받고 대답을 하곤 했다. 기자인 얀 파울라스 Jan Paulas 와 편집자인 야로슬라프 세벡 Jaroslav Šebek 이 질문자 역할을 했다. 이들의 질문에 도전받아 답변을 떠올리는 것은 나에게 즐거운 일이었다. 그들의 질문은 시간이 걸리는 철학적 사유를 필요로 하거나 특별한 생각 없이 즉각적이고도 자발적으로 답을 써 내려갔다. 두 질문자는 자신들의 관심사에만 따른 것이 아니라 독자들의 주된 관심 주제를 토대로 한 것이라 본다. 질문자들이 독일 사람이었더라면 다른 사항들에 더 관심을 가졌을지도 모른다. 그러나 제2차 세계대전 이후로 서독에서와는 다른 분위기에서 수십 년의 산 역사를 배경에 둔 사람들의 시각으로 던진 질문은 나름대로 흥미를 주는 것이었다.

독일에서 발간하는 이 책을 위해 독일의 출판사가 다시 몇몇 질문들을 더 보내왔고, 여기에 대해 나는 같은 방법으로 대답을 했다. 이러한 대답은 나로 하여금 몇몇 질문에 대해 의식적으로 깊이 생각하여 분명하게 답하도록 압박을 가해 왔다. 물론 내가 모든 것을 아는 사람은 결코 아니다. 또한 내가 모든 대답에 답을 제대로 할 준비가 되어 있는 것도 당연히 아니다. 그러나 나는 나에게 던져진 질문에 대해 내가 내적으로 느끼는 것을 감지하여 능동적으로 대답했다. 물론 이러한 방식으로 탄생한 책은 내가 다른 저서들에서 이미 언급한 테마들도 참고했다. 이전에 출판한 책들에서 독자들에게 명백하게 설명하지 못한 부분들도 이 기회에 좀 더 분명하게 설명하여 독자들을 심리적으로 편안하게 해 준 것도 있을 것이라 생각한다.

이 책의 첫 장에서 나는 나의 개인적인 삶에 대한 질문으로 대답을 했다. 내가 저술한 많은 내용이 나의 성장 과정에서 나온 것임을 느낀다. 그럼에도 불구하고 나에 대해 너무 많이 쓴 것이 살짝 부끄럽기도 하다. 나는 사람들이 자신의 길을 찾도록 돕고 싶을 뿐, 모범적인 존재로 나 자신을 그들 앞에 세우려는 생각은 결코 없다. 또 내가 걸어온 길이 옳다는 것을 독자들에게 증명하기 위해 어떤 시도를 할 생각도 결코 없다. 나의 개인사를 쓸 때의 의도는 독자들이 자기 신뢰로 계속 자신의 길을 걸어가기를 바라는 마음에서다. 독자들이 나의 생각에 자극을 받아 자신의 고유한 영적 길을 발견하여 성령의 힘으로 그 길을 계속 걸어간다면 나는 무척 행복하겠다.

나에게 신앙의 근본을 제공하신 부모님께 감사드린다. 참으로 어려웠던 자신의 삶과 운명을 말하는 이들의 이야기를 듣다 보면 하느님께서 나에게 행복한 어린 시절을 선사하신 것에 대해 무척 감사하게 된다. 물론 모든 다른 아이들과 마찬가지로 나의 어린 시절에도 어두운 면들이 없었던 것은 아니다. 그러나 되돌아보면 나의 영적 삶은 나 자신의 노력으로 획득한 것이 아니라 어린 시절에 나의 가정과 신앙생활에서 온 체험들의 열매라는 것을 느낀다.

나의 영성의 길은 또한 지난 세기 70년대에 올바른 영적 길을 찾기 위해 함께 노력했던 수도원 형제들의 영향을 많이 받았다. 나의 모든 책의 내용엔 형제들과 함께 찾던 작업에서 힘입은 바가 크다.

나는 구체적인 수도 공동체에 깊이 연계되어 있다. 그러므로 책을 저술하거나 강의를 할 때에도 나는 뮌스터슈바르차흐 수도원 소속 수도자로서 한다. 이것은 나에게 중요한 사항이다. 내가 저술하는 내용은 나 개인의 생명력으로만 솟는 것이 아니라 형제들과의 교류를 통해 힘입은 것이기도 하다. 이 책에서 나에게 던지는 질문에 어떻게 대답할 것인가에 대해 나의 형제들의 의견을 묻지 않은 것은 물론이다. 그럼에도 내 안에 들어 있는 것과 대답을 하기 위해 내 안에서 길어 올린 것은 형제들로부터 힘입은 것이다. 여기에 쓴 대답들은 어린 시절의 체험들과 형제들과의 공동생활 그리고 나에게 조언과 도움을 청하러 온 사람들과의 대화에서 발전해 나온 것이다. 이 책이 나오는 데에 좋은 자극제가 되어 준 이들 모두에게 감사한다.

　삶의 구체적 현장에 도움이 되는 응답으로 독자들이 감동하고 올바른 길을 찾아 용기를 내어 그 길을 걸어간다면 필자는 글을 쓴 보람을 충분히 가질 수 있다. 최근에 독자 한 분이, 나의 책들을 읽으면서 자신이 이미 마음에 생각하고 품고 있던 것들을 글로 표현해 놓아 깊은 인상을 받았다는 편지를 보내왔다. 이런 편지를 받을 때마다 나는 언제나 깊이 감사함을 느낀다. 내 안에 있는 것을 정리하여 표현했는데, 독자들에게 감동을 줄 수 있다니! 나는 그런 평범한 언어로 표현하기를 원한다. 그래서 이 책에서 나에게 던진 두 사람의 질문들은 사실은 일반 독자들의 질문이기도 할 것이라 여기고, 나의 대답이 자신만의 고유한 답을 찾는데 도움이 됐으면 한다.

　신학은 신도들이 믿어야 할 어떤 것을 완성된 형태로 제공하는 것이 아니라, 각자 자신이 처한 삶의 상황에서 마음속에 일어나는 질문들에 새롭게 응답할 수 있도록 도움을 주는 것이라고 나는 생각한다. 나는 완성된 정답을 결코 지니고 있지 않다. 정답은 언제나 다시 새롭게 구성해야 한다. 그렇게 할 때에만 그것은 나에게 옳을 수 있다. 그러므로 독자 여러분도 이 책에 들어 있는 나의 대답들을 단순히 글자 그대로 받아들이기만 하지 말기 바란다. 왜냐하면 이 대답들은 여러분이 삶에 대한 근본적인 질문에 자신만의 개인적인 응답을 찾을 수 있도록 자극을 주기 위한 것에 지나지 않기 때문이다. 나의 책이 올바른 답을 찾는 데에 도움이 된다면 이 책을 만든 의미가 충만하게 채워질 것이다.

2003년 1월
뮌스터슈바르차흐 베네딕토수도회 회원 안셀름 그륀

목차

서문   4

1. 소년, 안셀름 그륀 : 어린 시절과 소년기   10
2. 시대 변화의 회오리 바람 속에서   30
3. 기도하며 일하며, 베네딕토 수도승 안셀름 그륀   65
4. 작가로서의 안셀름 그륀 : 저술 작업과 몸의 언어에 대하여   85
5. 침묵, 내적 여정 그리고 하느님   99
6. 영성과 심리 그리고 믿음   126
7. 사막의 교부들 그리고 교회 전통에서 길어 올린 지혜   157
8. 종교와 영성을 찾는 현대인에 대하여   177
9. 예술과 영성 그리고 함께 걷는 여정   205
10. 죽음, 신비 그리고 천사   218

1
소년, 안셀름 그륀: 어린 시절과 소년기

부모님과 가족의 배경에 대하여 말씀해 주실까요?

아버지는 1899년 루르 지방 Ruhrgebiet 에 있는 에센-카테른베르크 Essen-Katernberg 에서 태어나셨는데, 선조들이 일자리 때문에 이주해 간 곳입니다. 원래 아이펠 Eifel 이란 작은 마을의 농부였던 선조들은 16세기 스페인의 유대인 박해 때 독일로 이주해 온 스페인계 유대인의 후손이라고 합니다. 나의 아버지는 에센에 있는 광산 사무실에서 일을 시작했는데, 1923년에 뮌헨으로 이동하여 여러 시도 끝에 전기제품을 취급하는 가게를 열게 됩니다.

어머니는 아이펠의 달렘 Dahlem 출신인데 그곳에서 조상 대대로 살았습니다. 어머니도 부모님이 농부였기에 농가에서 자랐고, 외조부는 본당에서 오르간을 연주를 하는 성가대 지휘자이기도 했어요. 어머니는 세 명의 자매와 형제 한 명을 두고 있습니다. 어머니가 가정생활과 신앙생활에 충실함을 배워 나가는 가운데, 형제 한 분이 스타

일러 전교회 소속의 신부가 되었고 자매 중 한 명도 같은 전교회 수녀가 되었지요.

부모님은 서로 어떻게 결혼하시게 되었나요?

베네딕토수도회 수사인 삼촌이 아이펠의 달렘에 지인이 계셨기에 서품 직후 축복미사를 가신 게 계기가 되어 아버지는 거기서 어머니를 알게 되었지요. 만난 지 반 년만인 1935년에 어머니와 결혼하시게 됩니다. 이때 아버지는 이미 뮌헨에 가게를 가지고 계셨고, 두 분은 뮌헨에서 신혼생활을 시작하시게 됩니다. 이후 부모님은 뮌헨 근교 로크함 Lochham 에 집을 지었는데, 공들여 지은 집이 전쟁 중에 폭격을 받게 됩니다. 그 동네가 위험해지자 우리 가족은 1944년에 뢴 Rhön 에 있는 작은 마을인 융크스하우젠 Junkershausen 으로 대피하게 됩니다. 그곳에서 제가 1945년 1월 14일에 태어났어요. 저의 세례명은 빌헬름 Wilhelm 이고 저의 아버지도 이 이름으로 불렸어요. 전쟁이 끝난 후 로크함의 우리집으로 돌아왔지요. 제가 자란 곳은 그곳입니다.

부모님에 대해 더 들려주시겠습니까?

아버지는 독일 청소년 연대 DJK, Deutsche Jugendkraft 의 청소년운동 Jugendbewegung 에 가담하십니다. 스포츠와 가톨릭 영성을 결합한 단체로, 회원들은 여러 팀으로 나누어 축구나 캠프를 즐기기도 했지요. 당시 독일의 가톨릭교회는 다양한 단체들이 조직되는 시기였기에,

이런 기반에 의해 이 활동이 튼튼하게 유지되었지요. 종교 단체 성격이니 전례운동도 널리 전개되었고, 교회쇄신을 위한 터전이 된 셈이지요. 물론 나치 치하에서는 가톨릭 단체들의 운동이 전부 금지되었었습니다.

아버지는 그 중 한 팀의 축구선수였으며 특히 축구 규율을 중요히 여기셨어요. 공정하게 하는 시합이 중요하다고 가르치셨는데, 규율 중심의 축구 게임을 통해 우리의 공격성을 다스리도록 훈육하셨습니다. 절도 있는 식사예법을 강조 강조하셨고, 그러자니 음식을 남기는 일은 허용되지 않았지요.

아버지는 제1차 세계대전 막바지에 군에 소집되시어 해군에 복무를 하셨는데 전후 지뢰제거에 참여하기도 했지요. 아버지는 1918년 11월에 황제에 대항하는 혁명도 체험하였는데, 이는 아버지에게 천지 개벽같은 사건이었습니다. 부친은 아마도 그리스도교 원칙에 따른 국민당Volkspartei 을 지지했던 것 같아요. 그래서 야만적인 나치즘에 반대하셨고 유대인을 종업원으로 가장하여 오랫동안 숨겨 주었습니다. 그가 무사히 다른 나라로 피란할 수 있도록 도와주었어요. 이웃의 밀고로 아버지는 여러 번 경찰에 불려갔지만 그때마다 풀려 나왔습니다.

아버지는 청소년기부터 매일 미사참례가 당연한 열성적인 신앙인이었습니다. 전례운동의 일환이었던 성무일도를 배워 매일 저녁 삼촌과 같이 바쳤습니다.

아버님의 직업에 대해서 말씀해 주시겠습니까?

상업을 시작한 아버지는 처음에 어려움을 많이 겪었고, 제2차 세계대전이 끝난 후에는 장사가 더욱 어려웠다고 합니다. 독일의 경제 상황이 매우 악화되었고, 대금을 지불할 능력이 없는 고객들이 많았다고 합니다. 선량한 아버지는 외상을 준 이들에게 빚을 받아내지 못해 결국 파산 신청을 해야만 했어요. 그 결과 뮌헨의 가게는 문을 닫게 되고 집에서 작은 가게를 열게 됩니다. 우리집 거실이 사무실이요, 지하실은 물건 보관 창고가 되었습니다.

일곱 명의 아이들을 키우셔야 했던 어머니는 가사에만 전념하셨는데, 집으로 가게가 오자 손님들을 맞이하고 그들과 대화하는 시간이 생겼지요. 그런데 아버지의 선량한 성품 때문에 전형적인 상인이 되지 못했지만, 이 작은 가게를 다시 일으키셨습니다. 돈에 집착하지 않았는데도 말이죠. 아버지는 손님들에게 언제나 친절하셨어요. 성탄 때마다 뮌헨의 스타일러전교수도회에서 공부하는 외국인 학생들을 집으로 초대했지요. 그럴 때마다 섬세한 일들은 어머니께서 맡으셔야 했습니다. 능동적이고 긍정적인 삶의 태도를 지니셨던 어머니는 사람들과 좋은 관계를 맺으셨지요. 고령으로 시력이 아주 약화되었을 때에도 불평없이 최선을 다해 긍정적으로 사셨어요. 어머니는 삶에 대해 언제나 감사하는 마음을 지니셨고 우리에게도 긍정적으로 삶을 대하는 태도를 심어 주셨습니다.

신부님의 영적 삶에 큰 영향을 끼친 사람은 어머니이십니까?

아닙니다. 저의 영적 성장에는 오히려 아버지께로부터 훨씬 더 많은 영향을 받았습니다. 가게 운영 중에도 아버지는 독서를 많이 하셨고 독서의 범위엔 신학과 관련된 책도 포함됐습니다. 주일이면 자녀들과 함께 나가 우리 안에 자연에 대한 사랑을 일깨워 주셨습니다. 부모님은 매일미사에 참례하셨고 우리집이 성당 가까이 있었기에 우리 모두 미사에 복사를 서며 거의 성당에서 자라다시피 했습니다. 여름철에 담당 복사가 오지 않은 경우에는 우리 중 하나가 어김없이 달려가 복사를 섰습니다.

어렸을 때 살던 동네의 이웃들은 어떤 삶의 모습이었습니까?

우리가 살던 로흐함은 뮌헨 근교에 있었는데, 독일의 다양한 지역에서 온 사람들의 주거지역이었습니다. 이주자들이 일군 마을이어서 전통이 이어지지 않았다고 할까요. 전쟁이 끝난 후 성당을 짓는 일은 아버지께 매우 중요한 과제였습니다. 1947년에 완공되었는데, 이 성당은 전후 뮌헨교구에서 지은 첫 번째 새 성당이었습니다. 그 성당에서 했던 전례와 여러 풍습이 생각나는군요. 대림절, 사순절, 성주간의 전례와 부활전례 그리고 특히 아름다운 성모성월 전례가 생각납니다. 부활절이 지나고 얼마 안 되어 근처 숲을 돌면서 청원기도 행렬을 하곤 했지요.

일곱 명의 자녀 중에 신부님이 맏이였습니까?

아닙니다. 누나가 맏이인데 결혼하지 않았고, 그 뒤로 네 명의 아들과 두 명의 딸이 태어났습니다. 그중에서 저는 정확히 중간이었습니다. 저의 남매들은 서로 사이가 좋았습니다. 이모도 아버지 가게에서 일하던 분과 결혼해 여섯 명의 자녀를 두었습니다. 저는 이들과 다 함께 자랐습니다. 많은 형제들이 함께 살려면 어떤 형태로든 서로 질서를 지켜야 했고 존중해야 했습니다. 이런 분위기 가운데 좋은 관계를 유지하며 사는 것을 어릴 때부터 배우게 되었습니다.

어린 시절의 추억 중에 떠오르는 것이 있다면요?

어린 시절을 행복하게 지냈습니다. 경제적으로는 당연히 검소하게 살아야만 하던 시절이었지요. 그러나 집엔 큰 정원에 있어서 거기서 형제들과 함께 많이 뛰어놀고 하는 가운데 풍부한 상상력을 가지게 될 수 있었습니다. 그래서 지루하거나 무료할 시간이 없었습니다. 물론 장난도 많이 쳤고, 지나쳐서 문제가 발생하기도 했습니다. 축구를 하다 다툼이 벌어지면 가게에 계시던 아버지가 나오셔서 두 줄로 마주보게 세워 놓고는 독일의 스포츠정신에 대해 한바탕 훈시를 하셨습니다. 훈시 후 우리는 악수를 하고 "하나, 둘, 셋, 파이팅" 하고 외쳐야 했습니다. 결국 모두 크게 웃으며 싸움을 끝냈습니다.

신부님이 좋아하신 놀이는 어떤 것이었습니까?

가장 즐겨한 운동은 축구였습니다. 학교에서도 틈만 나면 축구를 했습니다. 또 손으로 직접 만드는 것을 좋아했습니다. 일곱 살 때, 형제들과 연못을 만들어 근처에 있는 호수에서 물고기를 잡아다가 그 안에 풀어놓았습니다. 어릴 때부터 저는 무엇이든 최선을 다하는 것을 좋아했습니다. 죽은 새를 발견해 형제들과 화려하게 장례식을 치렀는데, 직접 만든 십자가를 앞세워 정원을 한 바퀴 돈 다음 새를 땅에 묻었지요.

성탄시기엔 함께 성탄 미사곡을 노래했습니다. 저는 그때마다 플루트로 반주를 하곤 했습니다. 어머니는 평일 미사에서 성가를 선창하실 정도로 음악적인 분이셨습니다. 아버지의 음악적 재능은 보통이었지만 아버지께서 어린이 노래들을 선창해 주시곤 했던 어린 시절이 있었습니다.

가족의 특별한 풍습이 있습니까? 예를 들어 성탄절이나 부활절 축제를 특별하게 지내는 방식 같은 것 말입니다. 부모님이 사시던 시골 마을의 고유한 전통 같은 것을 들려 주시겠습니까?

우리는 교회력을 충실히 따라 살았습니다. 대림절에는 대림환 주변에 모여 앉아 성가를 불렀고, 새벽 미사참례를 하곤 했습니다. 성탄절에는 선물 나눔 전에 아버지께서 성탄 복음을 낭독하셨고, 이어서 성가를 부른 후 비로소 우리는 선물 포장을 풀 수 있었습니다. 주님공현 대축일에는 집 전체를 돌며 향을 쳤습니다. 사순시기에는 사탕 등 단것을 절제하려 선물 받은 사탕들을 따로 모아 두었다가 부활절을 맞이한 후에야 먹었습니다. 성삼일에는 부활계란을 그렸고, 부모님께서 정원 곳곳에 계란을 감추시어, 우리들은 부활절 당일에 찾아서 먹었습니다.

가족이 함께 동네 밖으로 나가기도 했습니까?

우리 가족은 승합차를 타고 인근 지역을 여행한 일이 있습니다. 승합차를 구입하신 아버지는 평일에는 전기제품들을 싣고 고객들에게 날라다 주시고, 주말에는 가족들과 때때로 산으로 몰고 가 산행을 하곤 했습니다. 그 차를 이용해서 가장 멀리 여행을 떠났던 것이 1957년 루르지방과 아이펠에 있는 친척을 방문했을 때입니다.

신부님은 비교적 어린 나이에 학교를 다니기 시작하셨더군요. 학교생활에 어떻게 적응했나요?

저는 학교에 가는 것이 즐거웠고 모범생이었습니다. 로흐함의 그래펠핑 Gräfelfing 초등학교에 4년 다니고는 뮌스터슈바르차흐에 있는 기숙사가 있는 학교로 진학했고 이어서 뷔르츠부르그 Würzburg 에 있는 김나지움을 다녔습니다. 이곳에서 1964년에 대학입학자격시험에 합격했습니다.

어린 시절에 관심을 가졌던 직업은 어떤 것이었습니까?

첫 기억은 제빵사가 되고 싶었습니다. 당시엔 단 것이 무척 귀한 것이었고 저는 단 것을 좋아해서 그게 되고 싶었나 봅니다. 케이크는 오직 축일에나 먹을 수 있었습니다. 그러다 미장이가 되고 싶어 한 적이 있는데, 미장일을 좋아한 계기는 집에 연못을 만들 때였고, 전쟁 때 파손된 집을 즐겨 고치곤 했기 때문인 것 같습니다.

열 살이 되었을 때 아버지께 사제가 되고 싶다고 말씀드렸습니다. 당시 첫영성체를 할 때였는데, 저는 이 순간을 매우 진지하게 생각했습니다. 아버지는 교구 사제가 되고 싶으냐, 수도회 소속 사제가 되고 싶으냐 물으셨습니다. 그런데 저는 이 둘의 차이를 전혀 몰랐었습니다. 그래서 대뜸 드린 질문이 "보좌신부는 월급을 얼마나 받아요?"였습니다.

아버지의 답에서 보좌신부의 월급이 너무나 적다는 생각이 들어 수도회 소속 신부가 되는 것이 낫겠다고 결심했습니다. 저의 삼촌이 이미 베네딕토수도회 소속 신부여서 뮌스터슈바르차흐에 있는 기숙사 학교로 진학한 후 김나지움에 가도록 하셨습니다. 그 이후 저의 목표는 언제나 베네딕토 수도자가 되는 것이었습니다. 그러나 몇 차례의 위기도 겪었는데, 특히 사춘기에 겪은 어려움은 대단했었습니다. 어려움 중에 저는 자연과학자가 되고 싶어 했는데 그중에서도 생물학에 관심이 많았습니다.

신부님은 아버지께서 독서를 많이 하셨다고 말씀하셨습니다. 그렇다면 집에 서재도 가지고 계셨겠습니다. 작가가 되고 싶은 동경은 없었습니까?

아닙니다. 아이였을 때 저는 책을 많이 읽지는 않았습니다. 밖에서 노는 것을 더 좋아했습니다. 김나지움에 진학하고서야 책을 읽기 시작했는데, 초기 몇 년 동안 칼 마이 Karl May 의 작품들을 좋아했습니다. 당연히 종교적인 서적들도 읽었는데 기숙사에 있던 성인전과 같은 서적이 이에 해당합니다. 그러나 저는 전형적인 책벌레는 아니었고 수도회에 입회하고 나서야 공부하던 기간에 많이 읽었습니다.

고향의 교회에서 지낸 삶은 어떠했습니까?

1947년에 공소였다가 나중에야 본당으로 승격되었는데 거기엔 언제나 젊은 보좌신부님이 있었습니다. 우리 본당신부님은 상당한 음악적 재능을 갖고 있었습니다. 성가를 잘 부르셨기에 우리의 미사는 언제나 화려하고 아름다웠습니다. 하지만 강론은 어린 우리에게는 별로 흥미가 없어서 미사 도중에 장난을 치곤 했던 기억이 납니다. 신부님은 좋으신 분으로 우리 가족과 즐겨 함께하셨고 때로는 함께 산행을 하기도 했습니다. 보좌신부님들은 언제나 저를 매혹시켰습니다.

그 이유는요?

어떤 보좌신부님들은 복사들인 우리와 함께 알프스 산으로 가서 텐트를 치고 한 주간 머물면서 캠프 생활을 했지요. 함께 미사를 드리고 산행을 했던 추억은 요즈음도 가끔 기억하는 참으로 좋은 시간이었습니다. 당시 청소년들은 함께 지내는 시간을 많이 가질 수 있었습니다. 오월 성모성월의 아름다운 전례 후 청소년 모임이 있었습니다. 전례도 생동감이 넘쳤었고, 신부님의 훌륭한 지도로 매우 활발했었습니다. 저는 어린 시절부터 전례에 관심과 애정이 컸는데, 무엇보다 성주간 전례와 대림절 전례 그리고 성탄 전례는 제게 깊이 와닿았고 감동시켰습니다. 이런 아름다운 전례가 제 안에 사제직에 대한 원의를 불러일으키지 않았나 생각됩니다.

청소년 시기에 성지순례를 떠나기도 했나요? 신부님이 특별히 좋아하는 성지가 있습니까?

뮌헨 근처, 부모님 집에서 약 한 시간 정도의 거리에 마리아 아이흐 Maria Eich 라는 작은 성지가 있습니다. 그곳으로 아버지와 함께 자주 순례를 갔었지요. 멀리 가는 순례에는 청소년이었기에 함께하지 못했습니다. 학기 중에는 학교 기숙사에서 생활했는데, 장거리 성지순례는 대부분 학기 중에 개최되었지요.

어떤 성인을 가장 좋아하시는가요?

당연히 저의 본명 성인인 안셀름 성인을 가장 좋아합니다. 안셀름 성인은 그분이 살아계시던 시대에 가장 존경받은 분이었다고 합니다. 그러나 저에게 가장 매력적이었던 부분은 그분의 신학이었습니다. 그분의 신학은 그분 기도의 결정체였습니다. 그분의 신학의 핵심인 '이해를 추구하는 신앙'은 제 신학의 중심사상이기도 합니다. 청소년 시기엔 크리스토포루스 Christophorus 성인과 게오르그 Georg 성인께 매혹되었습니다. 이분들은 자신의 목숨을 아끼지 않았던 두려움이 없는 분들이시지요.

신부님을 그렇게 매혹시켰던 보좌신부님들로 돌아와 봅시다. 신부님 생각에는 어린 시절에 한 사제의 모범이 어느 정도로 중요합니까?

미사 복사였던 저에게는, 어린 우리에게 큰 관심을 준 보좌신부님들이 틀림없이 매우 중요했습니다. 이분들과의 만남을 통해 열 살 정도밖에 안 되었던 제게 사제가 되고 싶은 원의가 일어났었지요. 당시는 아직 유아적인 생각에 지나지 않기는 했지만 말입니다.

신부님은 부족함이 없는 좋은 가정에서 전통에 충실하고 성실한 신앙적인 분위기에서 보낸 어린 시절에 대해 말씀하셨습니다. 그러나 오늘날에는 이러한 것이 더이상 지극히 보편적이지는 않습니다. 여러 가지로 어려움이 많은 사회적 조건들 속에서 종교적 체험에 매우 중요한, 고향과 안식처와 같은 기본적인 체험들을 어떻게 하면 할 수 있겠습니까?

오늘날 가정과 교회에서 고향과 안식처를 체험하기는 어려워진 것은 사실입니다. 그러나 모든 사람 안에는 최소한 고향과 안식처에 대한 동경은 들어 있습니다. 그러므로 젊은이들에게 다가가서 '안식처'와 '받아들여짐'을 체험할 수 있음에 대해 말을 할 수 있습니다. 젊은이들 그룹에서, 학교 교실이나 종교 단체에서 그렇게 할 수 있습니다. 허나 요즘에는 모든 이가 종교 단체들을 쉽게 접촉할 수 없는 것이 문제이기는 합니다. 대부분의 종교 단체들이 많은 젊은이들에게 다가가는 것이 이제 더이상 가능하지 않은 상황입니다.

그러므로 교회가 첫영성체 준비나 견진성사들의 행사를 준비할 때, 젊음이들에게 고향과 같은 안식처를 제공하는 것이 더욱더 중요해졌습니다. 좋은 관계를 통해서만이 아니라 종교적 체험들을 통해 초월적인 느낌을 젊은이들 안에 불러일으키는 것은 매우 중요합니다. 젊은이들은 신비스러운 것과 초월적인 것에 대해 관심을 가집니다. 여기서 중요한 것은 신뢰할 수 있도록 전달하는 것입니다.

신부님은 오늘날 사제성소가 부족한 원인이 젊은이들을 이해하고 다가가 좋은 영향을 주는 모범적인 사제의 부족에도 원인이 있는 것으로 생각하십니까?

문제는 오늘날 본당들에 청소년들과 함께하는 보좌신부가 거의 없는 것에 있습니다. 본당신부는 이들을 위한 시간을 내기가 점점 어려워질 뿐만 아니라, 세대 차이가 심합니다. 오늘날에도 훌륭한 신부님들이 많이 있습니다. 그러나 젊은이들은 신부님들이 자기들과 함께할 시간을 내기가 매우 어려울 것이란 생각을 갖고 있습니다. 독일에서는 한 명의 본당신부가 대체로 세 개의 본당을 돌봐야 하는 현실이기 때문입니다. 사제들은 한 인간으로서 예전과 마찬가지로 모범적입니다만 젊은이들에게 더이상 예전처럼 가깝지는 않습니다. 이것이 사제성소가 점점 더 부족해지는 여러 원인들 중 하나입니다.

신부님의 삼촌이 신부님을 베네딕토수도회에서 운영하는 학교에 다니도록 안내하셨습니다. 당시 그 학교에서의 삶은 어떠했습니까?

전반기 오 년 동안 저는 수도원에서 운영하는 기숙사에서 생활하면서 성 루드빅 St. Ludwig 과 뮌스터슈바르차흐에 있는 수도원 소속 학교를 다녔습니다. 그곳의 선생님들은 매우 엄격하셨습니다만 그분들과 별 어려움 없이 잘 지냈습니다. 그분들로부터 시간을 어떻게 잘 활용하고 효과적으로 공부할 수 있는지 배웠습니다. 후반기 사 년 동안은 뷔르츠부르그에 있는 베네딕토수도원 소속의 기숙사에서 생활하면서 국영 김나지움에 다녔습니다. 그곳에서 일반 학생들과 함께 공부하면서 논쟁을 벌이기도 했는데 그 과정에서 베네딕토수도회 수도자가 되려는 결정을 굳히게 되었습니다.

어떤 종류의 논쟁들이 있었나요?

논쟁을 벌일 수 있었던 것은 어떤 문제에 대해 단순히 어른들의 견해를 수긍하기만 해야 하는 것이 아니라 스스로 독립적인 생각을 하는 것이 허락된 것에 있습니다. 나 자신이 스스로 생각할 수 있도록 허락된 것은 제게 아주 유익하고 열매를 많이 맺는 것이 되었습니다. 신앙적인 영역에서도 이전에는 터부금기로 취급되어 온 것에 대해 질문을 던질 수 있었습니다.

김나지움에서 공부하실 때 특별히 좋아한 과목이 있습니까?

제가 좋아한 과목은 무엇보다 생물학이었는데, 성탄선물로 현미경을 받기도 했습니다. 신학과 자연과학의 관계에 대한 흥미가 컸고, 수학 성적이 매우 좋았고 라틴어와 그리스어도 매우 잘 했어요. 이 세 과목은 언제나 최우수 성적을 받았지요.

당시에 벌써 심리학에 대한 관심을 가졌었나요?

당시 심리학은 아직 제게 특별한 관심거리가 아니었습니다. 당시에는 무엇보다 외부 세계에 대한 지식의 폭을 넓혀나가고 싶었기에 저 자신의 심리에 대한 관심은 별로 없었습니다. 이 세상의 모습과 원리에 대해 자세히 아는 신학자가 되고 싶은 욕망이 대단히 강했었습니다.

당시 신부님께 큰 감동을 준 사람이나 책은 어떤 것이었나요?

제게 감동을 준 사람은 누구보다 종교선생님이었던 칼 하인리히 Karl Heinlich 신부님이었는데, 우리가 현대세계에 대한 공의회의 논쟁들을 제대로 파악하도록 안내했습니다. 당시 논쟁의 중심에는 스콜라 철학과 신학에 충실하면서 체계적으로 정리한 명백한 신학과, 이브 콩가르 Yves Congar, 앙리 드 뤼박 Henri de Lubac, 칼 라너 Karl Rahner 그리고 한스 큉 Hans Küng 같은 신학자들이 발전시킨 새로운 신학이었습니다. 당시 우리는 졸지에 어떤 답도 명백성도 없는 상황이었습니다. 사람들은 심리학이나 사회학과 같은 인문사회학과의 대화를 나눌 가능성을 찾아 나섰습니다. 이런 중에 하인리히 신부님은 제게 사제가 되도록 종용하셨습니다.

독일어 시간에 의무적으로 읽어야 했던 책 외에는 자연과학과 신학 관계에 대한 책들을 주로 읽었는데, 예를 들어 예수회 회원이던 오버하게 Overhage 와 하아스 Haas 가 저술한 책들에 큰 흥미를 가졌었습니다. 이들은 신학자이자 생물학자로서 활동했지요. 파울 오버하게 Paul Overhage 는 대학에서 생물학을 가르쳤는데 1950년대 후반과 60년대 초반에 걸쳐 진화와 인간의 탄생에 관한 책을 몇 권 저술했습니다. 『생명체의 진화와 최초 인간의 탄생에 관하여』가 그중 하나입니다. 아돌프 하아스 Adolf Haas 역시 예수회 회원이었는데 그도 『인간의 발전과 생명체와 인간 진화의 역사』를 비롯하여 그런 종류의 책을 썼습니다. 물론 칼 라너의 인격은 저를 매혹시켰습니다만 당시 김나지움 학생 시절에 그분의 말씀을 알아 듣기는 거의 불가능한 일이었습니다. 그 외에도 역사에 관한 책들을 즐겨 읽었는데, 그중 하나가 『성경은 여전히 옳다』입니다.

이 무렵에 성경도 다양한 문헌들을 근거로 하여 저술되었음을 인정한 교황교서 "성령의 영감 Divine Afflante Spiritu"이 발표되었습니다. 이 교서는 현대적 성서학이 탐구한 지식들을 인정했습니다. 이 교황교서의 발표가 약간 늦은 것은 아닌가요?

이 교황교서가 성서학자들에게 현대의 학문적 방법들로 성경을 연구하는 것을 허락하는 것을 더이상 미룰 수 없을 만한 시기에 이루어진 것만은 틀림없습니다. 그때 허락되지 않았더라면 가톨릭교회에서 한 성경주석들은 믿을 수 없는 것이 되어 의미를 상실한 존재로 전락하고 말았을 것입니다.

지난 이백 년 동안 신앙과 학문은 서로 매우 상반되는 존재로 간주되었습니다. 신부님은 당시 젊은 학생으로서 이 문제를 어떻게 체험했습니까? 이 영역에 존재하던 몇몇 문제들을 특별한 갈등 없이 해결할 수 있었나요?

제게는 자연과학과 신학 사이의 대화를 증진시키는 것이 중요한 사항이었습니다. 게다가 관심의 중점 사항이 바뀌곤 했습니다. 제가 먼저 관심을 가졌던 것은 생물학과 물리학이 신학과 아무 문제없이 조화를 이루도록 하는 것입니다. 그러다가 진화에 대한 자연과학적 탐구의 결과들이 신학적으로 매우 중요한 것은 아니라는 느낌을 가지게 되었습니다. 공부가 끝나갈 무렵 심리학이 신학의 본격적인 대화 상대자라는 생각이 들었습니다. 언이로 표현된 신학적 내용들이 그 저변에 깔려 있는 신앙적 체험과 어떤 관계에 있는가에 대해 탐구하고 싶었습니다.

신부님은 공부하는 것 외에 취미생활을 하시기도 했습니까?

사진 촬영과 현상하는 취미가 있었지요. 방학 중에는 저의 형제들, 조카들과 더불어 자전거를 타고 알프스 산으로 멀리 하이킹을 가곤 했습니다. 그곳에서 텐트생활을 하면서 산행을 즐겼지요. 또한 축구를 매우 좋아했고 잘했었습니다.

이 시기에 신부님의 영적 삶은 어떠했나요?

수도원에서 운영하는 기숙사에서 살았기 때문에 날마다 미사 참례를 했습니다. 게다가 다른 학생들과 함께 아침, 저녁기도를 날마다 바쳤고 해마다 피정을 했습니다. 침묵 피정은 제게 깊은 영적 체험의 장이었습니다. 그런데 당시 저의 영적 삶은 다분히 머리와 의지에 의해 좌우되었습니다. 그레고리안 성가도 제게 큰 영향을 미쳤지요. 우리는 주일마다 또 대림절 전례나 12월 8일 원죄 없이 잉태되신 성모님 대축일과 같은 날에 함께 찬가를 했어요.

제게 있어서 신앙은 지극히 당연한 것이었습니다. 그런데 저는 피상적인 신앙이 아니라 진지한 신앙을 갖고 싶어 했습니다. 벌써 당시에 저는 저의 역할이 무엇인가에 대해 알아보려고 노력했지요. 당시의 세계에서 어떻게 하면 신앙을 다른 사람들이 이해할 수 있도록 표현하고, 또 살아갈 수 있을까에 대해 고심했습니다. 저의 주된 목표는 변함없이 베네딕토수도회 수도자로서 살아가는 저의 성소를 지켜가는 것이었습니다.

신부가 되기로 한 결정적인 동기는 무엇인가요?

제가 어릴 때 신부가 되고 싶은 마음을 갖게 된 원인은 전례와 종교적 세계가 지닌 매력이었습니다. 성당은 언제나 저의 고향이었지요. 저는 성당에서 자랐났고 방학에도 거의 날마다 성당에 가서 미사 복사를 섰습니다. 그러나 대학입학자격시험을 칠 무렵에 신부가 되기로 결심한 동기는 명예심이 크게 작용했지요.

신부가 되어 무엇을 하고 싶었나요?

교회와 하느님 나라를 위해 큰일을 하고 싶었습니다. 그래서 어떤 특별한 일을 할 수 있을지 제 자신에게 묻곤 했지요. 당시 선교를 위해 가능한 대로 멀리 가는 것을 생각했는데, 언어를 배우기가 무척 어려운 한국과 같은 곳으로 가고 싶었습니다.

신부님도 사랑에 빠져 본 적이 있습니까?

수도원 기숙사에서는 소녀를 만날 기회가 거의 없었습니다. 그러나 학교에서는 날마다 여자아이들을 만날 수 있었지요. 그리고 몇몇 소녀들에게 큰 관심을 가졌습니다. 그러나 그것을 겉으로 드러내지는 못하고 마음으로만 가진 열정에 지나지 않았지요. 나중에 대학에서 공부를 하던 중에 사랑에 제대로 빠진 적이 있습니다 그럼에도 불구하고 수도자와 사제의 길을 가고 싶다는 자의식은 언제나 명백했습니다.

신부님은 의혹에 시달리기도 한 적이 있었음을 인정하셨습니다. 어떤 의혹이 신부님을 괴롭혔으며, 어떤 사람의 도움으로 그것에서 벗어날 수 있었나요?

첫 번째 의혹은 성적 성숙이 한창이던 사춘기에 왔습니다. 당시 저는 과연 독신생활을 할 수 있을지 심각한 의문에 빠져들었지요. 당시 저의 문제에 대해 누구에게도 말하지 않고, 기숙사 사감 선생님이 말씀하신 것과 모범을 보이는 것에서 답을 찾아보려고 애를 썼습니다. 대학에 입학하기 직전에 베네딕토수도회보다 예수회에 입회하는 것이 차라리 낫지 않을까도 생각했습니다. 예수회는 유명한 신학자들을 배출했기에 제게 큰 매력이 있었지요. 베네딕토수도회 회원이 되면 저의 능력을 제대로 발휘하지 못하지나 않을까 염려했습니다. 이 문제에 대해 아버지와 상의를 했더니 아버지는 베네딕토수도회 회원이 할 수 있는 가능성들이 매우 많다는 것을 말씀하시면서 당신 동생의 예를 드셨습니다. 그러면서 베네딕토수도회 회원이 교회와 세상 안에서 큰 역할을 해 왔다는 것을 말씀하셨지요.

그래서 몇몇 의혹들을 거친 후 결국 베네딕토수도회 회원이 되기로 결심을 했습니다. 이 공동체가 제가 걷기 시작한 길에서 관심을 갖게 된 것들을 개발하는 데에 많은 격려와 도움을 줄 수 있다는 확신을 가지게 되었지요. 이 수도회는 선교하는 일에 상당히 많은 노력을 하고 있었기 때문에 입회한 것입니다. 당시 다양하게 진행하고 있던 선교의 일들은 대단한 매력으로 저의 관심을 끌었지요. 저는 좁은 영역의 활동만으로는 만족할 수 없었습니다.

결혼생활을 하지 못하는 것이 언젠가 고통이 될 수도 있을 것에 대한 염려는 전혀 없었나요?

수련기 중에 그리고 나중에 신학 공부를 할 때에 여성에 대한 동경을 자주 느꼈지요. 남성들로만 구성된 공동체에서 건조하고 경직되지나 않을까 걱정을 했었습니다. 그러나 내가 결혼을 한다는 상상을 해볼 때마다 그렇게 되면 내 안에 들어 있는 본질적인 면을 살릴 수 없다는 것을 자각했습니다. 그리고 나의 길을 꾸준히 걸어가지 못하고 별 볼 일 없는 존재가 되어 만족하면서 주저앉지나 않을까 두려움이 앞섰습니다.

신부님은 자신을 사교적인 사람으로 여기십니까?

저는 대가족 안에서 살았고 수도원이 운영하는 기숙사에서 그리고 나중에는 수도원에서 살았기에 항상 공동체 속에 있었고 그 안에서 편안함을 느꼈습니다. 공동체에서 어떻게 처신해야 하는지 잘 알았고 좋은 관계 속에 있었지요. 그러나 제 자신만을 위한 공간도 언제나 필요로 했습니다. 그러한 공간을 저는 우리 수도원에서 발견했지요.

2
시대 변화의 회오리 바람 속에서

베네딕토수도회는 신부님께 이미 전통적인 가족과 같은 존재로군요. 신부님께는 - 지나온 삶을 회상해 보신다면 - 베네딕토수도회가 가진 특별한 것이 어떤 것이 었나요? 다른 수도회에 입회한 것과는 특별히 다른 것이 무엇인가요?

어떤 사람이 베네딕토수도회에 입회했다면 그것은 일생 동안 살아갈 구체적인 공동체에 가입하는 것을 의미합니다. 베네딕토수도회는 다른 수도회들의 설립과 달리 특별한 과제를 실현하기 위해 설립된 것이 아니라 함께 모여 그리스도 정신으로 살아가면서 하느님을 찾고자 하는 단체입니다. 그래서 베네딕토수도회 회원들은 모든 종류의 일에 대해 개방되어 있지요. 결정적으로 중요한 것은 외부로 드러나는 일이 아니라 주도적으로 꾸준히 살아가는 삶입니다. 제게 중요한 것은 함께 길을 꾸준히 걸어가는 것입니다. 이것이 우리를 생기 있게 합니다. 그리고 또한 많은 일에 있어서 열매를 맺게 합니다. 물론 일은 베네딕토수도회의 삶에 본질적인 것입니다. "일하고 기도하라Ora et Labora "는 표어는 우리의 정체성을 드러냅니다. 그러나 우리가 하는 일은 어느 한 가지에 고정되어 있지 않습니다. 사람들의 어떤 욕구들에 우리가 응할 것이냐에 따라 정해지지요.

수련기에 들어간다는 것은 신부님께 구체적으로 무엇을 의미합니까?

수련기에 들었던 시기는 1964년입니다. 수련기를 통해 제게는 온전히 새로운 세상이 열렸지요. 아침마다 다섯 시 직전에 일어나는 일부터 수도복을 입는 것까지 어렵고 낯설었습니다. 그러나 저는 명예심을 강하게 가졌었기에 다른 수도자들이 하는 것을 모두 정확하게 하여 지속적으로 그리스도를 닮으려고 노력했지요. 앞에서 이미 말한 대로 당시 저의 영적 삶은 강한 의지와 명예심에 지배를 받고 있었습니다.

영적 삶을 살아가는 동기로서 어느 정도의 명예심이 건강한 도움이 되고 어느 정도부터는 위험하기 시작합니까?

초세기 수도자들이 말씀하시기를 젊은 수도자에게 명예심은 규칙을 지키면서 자신을 훈련하고 고통을 참아 나가도록 하는 데에 도움이 된다고 했습니다. 명예심은 저로 하여금 주의 깊고 성실히 일하게 하고 독서를 많이 하도록 하며 강론을 잘 준비하도록 압박합니다. 명예심은 제가 이렇게 살아가는 데에 필요하고 도움이 됩니다. 그러나 제가 현재의 상황에 만족하지 못하고 점점 더 모든 것을 완벽하게 하려고 하면서 저를 압박해 나가면 이것은 함정이 될 수 있습니다.

그렇게 되면 명예심은 제게 너무나 많은 것을 요구하는 압력이 됩니다. 그리고 그것은 더이상 하느님과 관련된 것이 못 되고 오직 제 자신과 저의 좋은 평판만을 위한 것으로 전락하고 맙니다.

신부님은 바티칸공의회가 시작된 직후에 신학공부를 시작하셨습니다. 공의회가 진행되던 당시의 분위기가 신부님께는 어떻게 다가왔습니까? 공의회의 어떤 부분이 신부님께 가장 많이 와닿았나요?

공의회 시작 무렵 저는 김나지움 학생이었습니다. 당시 우리를 가르친 종교선생님은 공의회의 개최를 대단히 환호하는 어조로 우리에게 이야기해 주었습니다. 수도회에 입회했을 때도 공의회는 여전히 진행 중이었지요. 제게는 자유의 물결이 일던 것으로 다가왔습니다. 드디어 신학자들이 자신의 생각을 더이상 금기사항들에 짓눌리지 않고 말할 수 있게 되었지요. 신학자들의 연구 문헌들이 단죄되는 일이 없게 되었습니다. 당시 저는 개혁의 새로운 힘을 느꼈어요. 교회와 그리스도교 신앙은 자신에 대한 새로운 신뢰를 발전시켜 나갔습니다. 신학자들이 일반 사회의 이슈에 참여하여 대화를 했습니다. 이들은 자연과학적, 사회적, 문화적 발전에 관심을 가지고 이들을 신앙적 안목으로 재조명하곤 했습니다.

종교선생님이 요한 23세 교황님의 유명한 말을 전해 주었을 때 생기 있게 반짝였던 우리의 눈빛을 잘 기억합니다. 교황님은 교회 안에 신선한 공기가 들어오도록 창문을 활짝 열어야 한다고 하셨습니다. 이런 물결에 그림자가 드리워지기도 했지요. 1966년부터 우리 수도회의 형제들 중 여럿이 수도회를 떠나갔습니다. 이들의 탈회는 힘껏 전진하려 했던 당시의 분위기에 찬물을 끼얹어 우리를 불확실성으로 몰아넣는 행위였지요.

저는 1965년부터 1971년까지 신학공부를 했습니다. 이 시기는 신학적인 큰 흥미와 발전이 컸던 때였습니다. 제2차 바티칸공의회에 이어 일어난 영적 쇄신의 물결은 제게 대단히 큰 영향을 주었습니다. 우리는 세상을 바꾸고 싶었습니다. 저는 신학을 위한 새로운 언어를 발견하고 싶었고 공의회의 생각들을 더 발전시키고 싶었습니다. 제게 가장 크게 다가온 것은 공의회의 사목헌장 Gaudium Et Spes 과 종교자유선언문 Dignitatis Humanae 이었어요. 사목헌장으로부터 저는 교회도 이 세상을 위한 책임을 수행해야 하고, 이 세상을 위한 안녕과 희망의 원천이 될 수 있다는 것을 알게 되었습니다.

신부님은 신학을 위한 새로운 언어를 개발하기 위해 노력하셨다고 했습니다. 그 때까지의 신학적 언어에 대해 만족하지 못한 이유는 무엇입니까?

당시의 신학적 언어는 세상의 일반인들이 이해하기 어려운 신학자들만의 언어라는 느낌을 줍니다. 제가 당시 작성하던 신학박사 학위논문에서 다루던 문제의 초점과 연구내용에 대해 저의 형제자매들에게 설명하며 이해시키고자 시도했을 때, 그들이 무슨 말인지 잘 이해하지 못한 것은 저의 가슴에 강한 아픔으로 다가왔었지요. 그래서 형제자매들이 이해하는 언어를 발견해야 했습니다. 이 체험은 저로 하여금 제가 하는 말과 글을 신학사가 아닌 사람도 이해할 수 있는지 언제나 다시 확인해 보게 하는 계기가 되었지요.

신학과 복음 선포를 위한 언어가 어느 정도까지 중요합니까? 이 언어가 수행해야 하는 역할은 무엇인가요?

누구도 전하고자 하는 내용과 언어를 분리할 수는 없습니다. 언어로 우리는 체험을 표현합니다. 유대인 파울 셀란Paul Celan 시인은 '언어가 없는 믿음은 의미가 없고 마찬가지로 믿음이 없는 언어도 의미가 없다'고 했습니다. 언어는 말로 다할 수 없는 것을 말로 표현해서 사람의 마음에 현재화하려 합니다. 제게 있어서 복음 선포의 언어는 존경심과 주의함 그리고 섬세함으로 신비를 대하는 존재이어야 합니다. 듣는 사람과 관계를 맺어야 하는 언어이어야 합니다. 집을 지어 듣는 사람이나 말하는 사람이 그 안에서 편하게 있을 수 있도록 해야 하고, 가슴속에 이미 알고는 있었으나 말로 표현해 내지 못한 것을 표현해 놓은 것을 일반인들이 발견할 수 있어야 합니다.

언어는 우리 자신을 드러내기도 합니다. 어느 한 사람이 하는 말을 통해 우리는 그가 사랑스런 사람인지, 자기 자신을 진지하게 성찰하는 사람인지, 자기 자신과 화해한 사람인지, 아니면 다른 사람들을 무시하고 모질게 대하며 자비심이라고는 전혀 없는 사람인지 인지합니다. 때때로 저는 일부 신학자들의 언어에 경악하기도 합니다. 이들은 이성적인 작업에만 관심이 있어서 그런지 자신이 하는 말로 최종적으로는 자기 자신을 말하고 있다는 사실을 인지하지 못합니다. 그리고 이들의 언어를 통해 자주 혼란스럽고 어둡고 잔혹한 마음이 밖으로 표출되기도 합니다.

사제가 되기 위한 기본적인 공부를 마친 후에도 신학공부를 계속할 생각이었나요?

신학공부로 석사학위를 받은 것은 1971년이었습니다. 그 후 3년 동안 박사학위를 위한 공부를 했습니다. 당시 가톨릭교회에서도 프로테스탄트교회에서도 성서학 분야는 독일 학자들이 단연 뛰어났었습니다. 그래서 저는 쉬나켄부르그Schnackenburg, 불트만Bultmann, 푀크틀레Vögtle, 슐리어Schlier 그리고 다른 여러 뛰어난 학자들이 저술한 책들을 많이 읽었습니다. 당시의 성서학에서 다룬 내용들은 제게 대단한 놀라움으로 다가왔습니다. 이러한 내용들은 나의 지적 호기심과 학문적 갈망을 불러일으켰을 뿐만 아니라 역사적 예수님을 좀 더 가까이 알고 싶어 하게 했고 수많은 질문들을 갖게 했습니다. 오늘날 제가 성경을 읽고 연구하는 데에 당시 받은 영향이 크게 작용합니다.

신부님이 당시 가장 큰 관심을 가졌던 철학적, 종교적 질문들은 어떤 것인가요?

제가 우선 관심을 가졌던 분야는 실존철학이었습니다. 실존철학은 현대인에 대한 저의 의문들에 대답을 주었기 때문입니다. 하이데거, 사르트르, 까뮈와 같은 이들이 수행한 실존철학은 인간의 진면목을 있는 그대로 눈앞에 제시했습니다. 실존철학은 기쁜 소식을 전해 주어야 하는 인간의 조건들을 있는 그대로 알려줌으로써 신학이 열매를 맺도록 했습니다. 실존철학은 신학으로 하여금 구체적으로 살아 있는 인간과 그의 실제적인 모습을 우회하지 말고 그가 가진 동경과 위험들을 살피고 고려하도록 자극했습니다. 실존철학은 인간에 대한 이론을 제공하는 것이 아니라 삶의 현장에서 생존과 성취를 위해 애를 쓰는 구체적인 인간의 모습을 서술합니다.

몇몇 가톨릭 신학자들은 철학이 토미즘으로 다시 돌아가기를 원합니다. 근대 이후의 모든 철학이 출구가 없는 막힌 길에 지나지 않는 것으로 여기기 때문이지요. 이 문제에 대해 어떻게 생각하십니까? 신부님은 토마스 데 아퀴노의 철학과 어떤 관계에 있나요?

그리스 교부들, 켄터베리의 안셀름 Anselm von Canterbury, 토마스 데 아퀴노에 대해서도 당시를 살던 사람들은 별로 환영하지 않았지요. 만약 우리가 우리 시대의 철학적 사조들에 대해 올바른 평을 하고자 한다면, 충분히 생각하지 않은 채 경솔하게 이들을 단죄해서는 안 됩니다. 당사자들과 충분히 대화를 해 보고 이들이 어떤 것을 자료로 삼아 자신의 생각을 전개해 나가는지 알아보아야 합니다. 그렇지 않으면 우리가 오늘을 살아가고 있는 사람들을 제대로 이해하지 못하고 놓칠 수 있지요. 토미즘은 나름대로 큰 역할을 했습니다. 저 자신도 토마스 성인에게 대단한 감사와 존경을 드리고 있습니다. 저는 칼 라너가 당신의 유명한 작품인 "세계 내 정신" Geist in Welt 에서 토마스를 새롭게 해석한 것을 통해서 토마스를 배웠습니다. 토마스는 제게 계시의 신비에 대해 매우 잘 설명해 주었습니다. 그분의 신학은 대단한 영향력을 지니고 있고 매우 중요합니다. 그렇다고 하여 우리가 오늘날 토마스의 사상을 되풀이하기만 하거나 신 스콜라철학이 한 바와 같이 좁고 갑갑한 틀 안으로 집어넣으려고 한다면 그것은 토마스의 사상을 올바르게 취급하는 것이 못 됩니다. 토마스 성인은 우리의 지성과 하느님의 크심에 대해 신뢰하도록 우리를 자극합니다.

현대철학이 어떤 방법으로 신학을 풍부하게 하는 데에 기여할 수 있을까요?

신학은 한 인간의 신앙적 체험에 대해 성찰한 것입니다. 그런데 신앙적 체험은 그 체험을 한 인간이 살았던 시대의 정신적 사조로부터 영향을 크게 받습니다. 신학은 인간이 생각하는 방식과 사조 안으로 들어갈 때에만 그가 하는 체험에 대해 대화를 나눌 수 있지요. 이러한 것이 특히 현대철학에서 명백히 드러납니다. 비트겐슈타인 Wittgenstein, 호르크하이머 Horkheimer, 마르쿠제 Marcuse, 요나스 Jonas, 레비나스 Levinas 와 같은 각자 개성이 뚜렷한 현대철학자들은 신학이 현대인이 안고 있는 오늘날의 문제들에 대해 대답을 제시할 수 있을 것인가에 대한 큰 도전이 됩니다. 제가 오늘을 살아가고 있는 사람들이 어떤 문제들로 고심하는지 정확하게 알지 못한다면, 이에 대한 대답도 정확하게 제시할 수 없는 것은 명백합니다.

이 문제로 다시 돌아가서 얘기해 본다면, 신부님은 공부하시는 동안 어떤 신학적 문제들에 많은 시간을 투자하셨나요?

신학에 있어서 제가 관심을 가졌던 분야는 무엇보다 성경주석학과 교의신학이었습니다. 저는 이 두 분야에 있어서는 가능한 대로 충분히 그리고 깊이 공부하고자 했고 근본적이고 중요한 문헌들을 많이 읽고자 했지요. 저는 로마에서 신학을 공부했는데, 당시는 강의를 라틴어로 했습니다. 상당한 호기심을 가지고 공부를 시작했는데, 말하자면 공부에 매혹되어 온전히 빠져 버리고 말았지요. 이러한 것이 또한 나중에 위기를 겪는 원인이 되기도 했습니다. 오래지 않아 내적으로 불안을 느끼는 상태에 빠져들고 말았지요. 의지와 이성만으로는 모든 문제를 해결할 수 없다는 것을 알게 되었던 겁니다. 이러한 사실은 저를 상당히 불안정하게 했습니다.

신부님의 이성의 한계에 부딪쳤던 곳은 구체적으로 무엇이었나요? 무엇이 신부님을 불안정하게 했습니까?

저는 신학이 현대인들에게 어떤 할 말을 하고자 했는지 알고 싶어했습니다. 그런데 신학이 제시하는 몇몇 답들이 제게는 명쾌하지 못했습니다. 당시 어떤 특정한 문제에 대해 신학이 정형화된 답을 제시하는 것만으로는 충분할 수 없었고, 신학이 나의 구체적인 문제에 깊이 파고 들어야 한다는 생각을 했지요.

구체적으로 어떤 문제들을 다루어야 하지요?

제게 처음부터 중요했던 문제는 구원에 관한 문제입니다. 구원이란 무엇인가요? 어디서 구원을 체험하지요? 구원이 예수님의 십자가상의 죽음과 무슨 관련이 있습니까? 이러한 문제들이 저를 고심하게 했고 관련된 책들을 많이 읽게 했으며 저의 고유한 생각들을 형성해 나가도록 했습니다.

다른 한편으로 단지 깊이 생각하는 것만으로는 하느님의 신비를 파악할 수 없다는 것을 알고 있습니다. 일찍 찾아오거나 늦게 찾아오거나 하여간 언젠가는 온전한 파악이 불가능한 하느님께 나 자신을 완전히 내맡겨 드려야만 하는 시기가 옵니다. 어느 한 특정한 지점에서 나 자신만의 의지로는 나 스스로를 영성적인 사람으로 형성해 나갈 수 없다는 사실을 인식하게 되었습니다. 이러한 과정에서 나의 의지가 유익하기는 했지만, 특정한 어느 시기에 도달해서는 나의 의지를 온전히 놓아주어야만 하느님 안에서 새로운 자유를 체험할 수 있었습니다.

그러한 과정에서 무엇이 신부님을 도왔나요?

위기에서 벗어나는 데에는 저의 신학 교수님들이 큰 도움이 되었습니다. 예를 들어 마그누스 뢰러 Magnus Löhrer, 라파엘 슐테 Rafael Schulte, 놋케어 퓌글리스터 Notker Füglister 같은 분에게서 저는 오늘날을 살아가고 있는 사람들이 가진 질문들에 답을 제공하려고 진지한 고심을 하는 모습을 보았습니다. 제가 흔들릴 때 함께 공부하던 젊은 동료들과의 대화도 큰 도움이 되었지요. 또한 당시 제가 읽은 많은 책들도 도움이 되었습니다. 저는 날마다 평균 100-150쪽 정도 읽었는데, 신학적 문헌만이 아니라 철학과 시에 관한 것들도 많이 읽었지요. 이러한 일은 저의 지평을 많이 넓혀 주었습니다.

다시 공의회로 돌아가 봅시다. 공의회에 크게 기여했던 신학자들, 예를 들어 칼 라너 Karl Rahner, 베른하르드 해링 Bernhard Häring, 앙리 드 뤼박 Henri de Lubac, 이브 콩가르 Yves Congar, 에드바르드 스킬레베엑스 Edward Schillebeeckx 같은 분들에 대해 어떻게 생각하셨나요? 당시 이분들 중 누가 신부님께 가장 많이 와닿았나요?

제게 가장 많이 와닿은 분은 칼 라너였습니다. 저는 그분의 책들을 읽었고 그분에 대한 것으로 저의 박사학위 논문을 작성했습니다. 주제는 『십자가를 통한 구원, 구원에 관한 오늘날의 이해에 칼 라너가 미친 영향 Erlösung durch das Kreuz. Karl Rahners Beitrag zu einem heutigen Erlösungsverständnis』입니다. 저는 예수님이 십자가상의 죽음으로 우리를 구원하셨다는 것을 어떻게 이해해야 하는가에 대해 숙고해 보았습니다. 예수 그리스도를 통한 구원과 성화가 제게 관심거리였지요. 당시 저는 또한 상당한 분량의 심리학 책들을 읽었는데, 융 C. G. Jung 이 저술한 책들부터 읽기 시작했지요. 칼 라너를 직접 찾아뵌 적도 있는데 그분의 신학에 대해 함께 토론했지요. 대단히 뛰어난 분이 자신을 전혀 내세우지 않고 겸손한 자세로 토론에 임해 주었던 것에 큰 감동을 받았습니다.

공부를 하던 시기에 저는 네덜란드의 신학자들에 대해서도 관심을 가졌는데, 예를 들어 네덜란드에서 정기적으로 발간된 신학논문집에서 에드바르드 스킬레베엑스가 쓴 다수의 논문을 읽었지요. 그의 논문들은 저를 사로잡았습니다. 베른하르드 해링은 공의회가 진행되던 때에는 저에게 낯설었습니다. 한참 후 교황청의 신앙교리성 Glaubenskongregation 이 얼마나 불의하게 그를 다루었는가에 대해 읽고난 뒤에서야 그의 가치를 높이 평가하기 시작했습니다. 프랑스 출신의 신학자인 앙리 드 뤼박과 이브 콩가르도 공부를 하던 시절부터 읽었지요. 이들은 교회 교부들로부터 오늘날을 위한 신학을 전개해 나가는 능력이 뛰어났었습니다. 교부들은 머릿속에 그림을 떠올려 놓고 생각을 전개해 나갔기 때문에 이들의 신학은 언제나 현대적입니다. 그 그림들은 생각의 창문을 활짝 열기 때문입니다. 이 창문을 통해 누구나 다 하느님의 신비로 가득 찬 실제를 바라볼 수 있습니다. 또한 에벨링 Ebeling, 몰트만 Moltmann, 융겔 Jüngel, 판넨베르그 Pannenberg 와 같은 개신교 신학자들의 저서들도 많이 읽었습니다. 저는 석사 논문을 뛰어난 개신교 신학자 폴 틸리히 Paul Tillich 에 대해 쓰기도 했습니다. 그가 저술한 책이라면 거의 다 읽었지요. 또한 한스 큉 Hans Küng 이나 한스 우르스 폰 발타사르 Hans Urs von Balthasar 의 책들을 읽었습니다. 이러한 책들은 윤리적인 요청들보다는 그리스도교의 기쁜 소식을 올바르게 이해하는 데에 주안점이 있었습니다. 게다가 에른스트 블로흐 Ernst Bloch 와 한스-게오르그 가다머 Hans-Georg Gadamer 와 같은 철학자들의 책도 읽었습니다. 이러한 것을 통해 저의 신학은 풍부해졌습니다.

"십자가를 통한 구원"이란 테마로 라너의 신학 안으로 들어가도록 소개하는 것은 고통과 십자가를 힘들어 하는 오늘날을 살아가는 사람들에게는 어려운 일인 것 같습니다. 이 테마에서 무엇이 신부님께는 자유를 가져오는 "구원"이 됩니까?

제가 앞에서 이미 말한 대로, 공부를 하던 시기에 가졌던 큰 의문은 '우리가 왜 십자가를 통해 구원을 받아야 한다는 것일까'에 관한 것이었습니다. 이 문제에 깊이 빠져들어 탐구하면서 명백히 알게 된 것은, '구원을 오직 십자가에만 고정시켜서 생각해서는 안 된다'는 것이었습니다. 예수님은 가르침과 치유의 행위를 통해서 사람들을 그들의 사슬로부터 해방시켰습니다. 예수님은 또한 이 땅에 계시던 동안에 사람들에게 죄로부터의 용서를 말씀하셨습니다. 그럼에도 불구하고 제게는 십자가가 구원을 위한 모든 활동을 통합한 것입니다. 제가 아무런 조건 없이 사랑을 받고 있고, 변화될 수 없는 것은 어떤 것도 없다는 사실이, 제게는 십자가상에서 명백하게 드러납니다. 생명으로 인도하지 않는 죽음은 절대 없고, 신뢰로 결합하는 길로 이끌지 않는 버려짐은 없으며, 기쁨으로 변화되지 않는 고통은 없고, 밝아지지 않는 어둠은 없습니다. 우리에 대한 예수님의 사랑은 십자가상에서 가장 분명하게 드러납니다. 이 사랑은 살인자에게조차 멈추지 않고 그대로 뻗어나갑니다. 이것은 완성되기까지 함께하는 사랑이고 내 안에 들어 있는 모든 대립적인 요소를 끌어안는 사랑입니다. 십자가를 바라보면 제 안에 들어 있는 모든 대립적인 요소와 모순들을 받아들일 수 있습니다.

오늘날 많은 사람들이 피에르 떼이야르 드 샤르뎅 Pierre Teilhard de Chardin **신부님이 하신 일에 대해 관심을 가지고 서로 토론을 하곤 합니다. 샤르뎅 신부님도 신부님과 같이 신학뿐만 아니라 자연과학에 상당한 관심을 가졌었지요. 샤르뎅 신부**

님이 학문과 신앙 사이의 갈등을 해소하려는 노력을 많이 했는데, 이에 대해 신부님은 어떻게 생각하십니까?

저는 샤르댕 신부님이 자연과학과 신학을 종합하려고 노력하신 것에 대해서만 존경하는 것이 아닙니다. 저에게 있어서 그분은 피조물에 대해 새로운 관계를 갖도록 인도하는 신비신학을 창설하신 분이십니다. 테이야르 드 샤르댕 신부님은 정신과 물질을 새로운 방법으로 통합하면서, 사랑을 피조물 안에 들어 있는 활동의 원동력으로 보았습니다. 그분은 저의 눈을 새롭게 열어 주어 하느님을 이 세상 한가운데에서 인식하도록 했고, 하느님은 우주와 인간의 진화를 시작하시고 주관하시어 마침내 모든 것이 다시 당신을 향하도록 하시는 하느님이시라는 것을 체험하게 했습니다.

신부님은 독일어권 신학자 한스 큉에 대해 언급하셨습니다. 많은 수의 가톨릭 신자들이 그를 "순종하지 않는 신학자"로서 교회 밖에 서 있는 사람으로 생각합니다. 특히 그가 "오류가 없다고?" 라는 책을 출판한 이후 이러한 경향이 심해졌습니다. 신부님은 그를 어떻게 보십니까?

한스 큉은 튀빙겐의 대학에서 활동했습니다. 이 도시는 오래전부터 활발한 신학적 전통을 유지해 왔는데 언제나 최신의 이론으로 앞서 나갔지요. 한스 큉의 신학은 일부 사람들이 우려하는 바와 같을 정도로 매우 혁신적이거나 위험하지 않습니다. 그의 신학은 본질적으로 매우 튼튼합니다. 한스 큉이 로마와 갈등을 갖게 된 원인은 교황의 무류성에 대해 비판적인 태도를 취했기 때문이지요. 그러나 그러한 자세를 취하면서도 큉이 가톨릭교회의 가르침을 거슬러 발언한 것은 없습니다. 그는 교황의 무류성을 신학적으로 문제삼으려 한 것이 아니라 단지 교회가 이 문제를 교활하게 이용하거나 공의회 이전의 이데올로기로 돌아가지 않도록 경각심을 불러일으켰을 뿐입니다.

제가 로마에서 공부하던 때에 한스 큉이 쓴 박사학위 논문을 읽었는데, 여기서 그는 개신교 신학자 칼 바르트 Karl Barth 를 다루었더군요. 당시 저는 또한 그분의 교회론을 전개한 책을 공부하기도 했습니다. 제게 있어서 큉은 결코 교회 밖에 서 있는 신학자가 아닙니다. 그분은 교회의 교의에 어긋나는 주장을 한 적이 없습니다. 그분의 주안점은 주로 실천적인 면에 있다고 볼 수 있지요. 그분의 주교인 게오르그 모서 Georg Moser 는 그분을 매우 존중하면서 언제나 그분 편입니다. 큉이 문제가 된 정황 뒤에는 개인적인 경쟁심이 작용했던 것으로 볼 수 있는데, 구체적으로 말하자면 그분과 라칭거 사이의 경쟁이 문제의 원인이지요. 한스 큉은 신심이 깊은 사제이고 언제나 교회 안에 충실히 존재하고 교회의 가르침 아래에 서 있습니다. 동시에 그분은 또한 어느 정도 고집이 세고 때로는 우월감도 있는 것이 사실이지요. 이러한 것이 동료들이 로마와 그분 사이에 화해의 다리를 놓는 데에 부담을 주었습니다. 불행하게도 양쪽에 존재한 경쟁심과 허영심이 결국은 큉으로 하여금 더이상 공개적으로 강의를 못하게 하는 결과를 낳고 말았습니다. 이러한 일은 결코 없어야만 했습니다. 왜냐하면 이 논쟁에서 문제의 초점이 된 것은 신학이 아니라 누가 힘이 더 세냐는 것이었기 때문이지요. 이것은 참으로 안 된 일입니다만 부인할 수 없는 현실입니다. 교회 안에서 전개되는 모든 행위의 뒤에는 개인적인 감정과 질투심이 숨어 있기도 합니다. 게다가 교도권이 행하는 모든 것이 언제나 교의적 근거 위에 진행되는 것은 아니지요.

몇몇 사람들은 큉이 세상의 정신 Weltethos 신학으로 그리스도교의 고유성을 상대화시켰다고 주장합니다. 예를 들자면, 큉이 이런 주장으로 그리스도교를, 존재하는 여러 종교들 중 하나에 지나지 않는 위치에 배열시켰다고 합니다.

저는 큉이 그리스도교의 본질을 상대화시키지 않았다고 생각합니다. 그가 세상의 정신이란 현상으로 말하고자 하는 것은 세상에 존재하는 모든 종교와 대화를 해야 하고 윤리적 법칙들을 동의해야 한다는 것입니다. 저는 오늘날 이러한 요소는 매우 중요한 현안으로 생각합니다. 유전자를 연구하는 문제에 대한 토론에서 이 세상에서 살아가는 모두에게 적용되는 공통의 법칙을 설정하여 모두가 지켜나가야 할 필요성이 있음이 드러났습니다. 큉은 그리스도교를 포함하여 이 세상에 존재하는 종교들은 인류의 미래에 중요한 역할을 하는 것으로 보았습니다. 이러한 그의 견해에 대해 우리는 감사하게 생각해야 합니다.

공의회를 진행한 교황님들에 대해서는 어떻게 생각하십니까? 두 분의 차이는 어떤 점인가요? 달리 말하자면, 요한 23세께서 공의회를 시작하신 후 얼마 되지 않아 돌아가시지 않고 끝까지 주관하셨더라면 공의회의 결말이 다르게 났을까요?

요한 23세는 미래를 미리 감지한 분이었고 공의회를 개최할 용기를 낸 분이었습니다. 그분은 많은 것을 시작하셨지요. 그리고 그분은 당신의 선함과 사람들에 대한 친절함으로 사람들의 마음을 사로잡았습니다. 공의회를 구체적으로 이끌어 나가는 일은 그분에게 결코 쉬운 일이 아니었습니다. 그분은 모든 사람이 만족할 만한 일을 하고 싶어했습니다만, 그분의 낙관주의에 모두가 동참하지는 않는다는 사실을 슬프게도 인정해야만 했지요. 이것은 그분을 매우 고통스럽게 했습니다. 그분의 후계자인 바오로 6세가 아직 몬티니Montini 추기경이었을 때 됩프너Döpfner, 수에넨스Suenens 추기경들과 함께 공의회를 주도적으로 이끌어 공의회에 참가한 진보 세력들이 승리하도록 했습니다. 교황이 되고 나서는 많이 조심스러워졌습니다. 그가 놓인 상황이 달라졌던 것이지요. 진보와 보수 두 세력 사이에 서게 되었습니다. 그분이 교황교서 "인간생명Humanae Vitae"을 발표했을 때 당시 저와 같은 신학생들에게는 매우 실망스러운 일이었지요. 이 교서에서 그는 소수의 보수주의자들이 주장한 의견을 많이 반영했습니다. 그러나 그 이후 저는 바오로 6세 교황님을 매우 존중했습니다. 그분은 매우 지성적이었고 공의회의 생각들을 교회 안에 실현해 나가는 일을 끝까지 밀어붙였지요. 그것은 결코 쉬운 일이 아니었습니다. 공의회가 끝난 후 제어하려는 세력들도 있었고 동시에 공의회의 의도를 실현하려는 세력들도 있었습니다. 두 교황님 모두 각자의 고유한 카리스마를 지니고 있었고 공의회가 성공적으로 진행되는 데에 각자 나름대로 기여했지요.

공의회가 끝난 지 40년이나 되었는데, 신부님은 오늘날 공의회의 의미에 대해 어떻게 생각하십니까? 교회는 공의회가 열어 놓은 모든 가능성을 잘 활용했나요?

공의회는 가톨릭교회가 다시 한번 계몽되게 하는 것 같았습니다. 공의회는 교회가 오늘날의 세계를 향해 문을 열게 했고, 교회에 새로운 자극과 의미를 제공했습니다. 그러나 불행하게도 공의회의 열정은 이내 가라앉고 말았지요. 교회 안에 존재하는 이러한 경향에 대해 걱정하고 의심이 많은 보수적인 세력들이 주도권을 쥐게 되었습니다. 물론 이러한 것은 몇몇 과장된 것들에 대한 일종의 반작용이기도 합니다. 일부는 공의회를 제대로 이해하지 못하고 오해하여 이제 더 이상 규칙도 없고 모든 것이 허락되기라도 한 듯이 생각하기도 했습니다.

그럼에도 불구하고 공의회의 정신 안에는 시간을 초월한 계시가 들어 있기 때문에 계속해서 발전시켜 나가야 했습니다. 예를 들어 독일에서 뷔르츠부르그 시노드 die Würzburger Synode 가 공의회의 결정들을 독일교회의 상황에 맞추어 재해석하여 적용하려는 시도를 했을 때, 그것은 이 교구의 역사에 새로운 등불을 밝힌 것이 되었습니다. 당시 됩프너 추기경의 인도 하에 사람들은 보수주의자들과 진보주의자들이 상호 알맞은 균형을 이루어 나가도록 조정했습니다. 그러한 분위기에서 서로 간에 대화와 개방의 문화가 놀랍도록 발전되어 갔지요. 어릴 때부터 받은 교육의 영향은 물론, 사상의 경향으로도 보수주의에 가까웠던 됩프너 추기경은 용기를 내어 새로운 물결에 교회를 개방했습니다. 보수주의자들이 그분을 강하게 비판하면서 교회를 배반한 사람으로 심한 비난을 하여 죽음에 이르게 하고 말았습니다. 보수적인 신심으로 무장했던 사람들은 앞뒤를 가리지 않고 폭력적인 언사를 동원하여 됩프너 추기경과 같은 뛰어난 주교들을 상대로 비난하고 투쟁을 벌였습니다.

신부님은 당시 로마에 있는 성 오틸리엔 St. Ottilien 에서 공부하고 있었습니다. 당시 학생들과 교수들에게는 어떤 분위기가 지배적이었나요? 교회의 개혁을 지지했나요? 아니면 미래에 전개될 사항들에 대해 두려움을 지니고 있었나요?

로마에 있는 성 오틸리엔과 성 안셀모 St. Anselmo 에서 학생들에게도 교수들에게도 당시 개방적인 자세가 매우 강세였습니다. 모든 교수가 교회의 개혁을 지지했지요. 당시 학생들 중에 공의회와 새로운 건설을 반대한 사람은 없었던 것으로 기억합니다.

미사를 드릴 때 보편적으로 사용하던 언어인 라틴어를 더이상 고수하지 않게 되었을 때 놀란 사람은 없었나요? 라틴어가 전례에 품위와 멋을 제공했던 것은 사실입니다. 게다가 요즈음에는 교회언어인 라틴어가 완전히 사라질 위험에 있습니다.

저는 아직도 라틴어로 된 저녁기도문을 온전히 암송할 수 있습니다. 그리고 라틴어를 좋아합니다. 전례는 모든 사람들이 이해할 수 있는 것이어야 하는데, 오늘날 라틴어를 사용할 수 있는 사람이 점점 줄어들고 있습니다. 이러한 상황에서 전례를 라틴어로 진행하는 것은 별 의미가 없습니다. 제가 청소년이었을 때는 공부를 한 사람은 모두 라틴어를 사용할 수 있었지요. 그러나 오늘날에는 라틴어를 사용할 수 있는 사람의 비율이 점점 낮아지고 있습니다. 오직 추상적인 원리를 지키기 위해서 라틴어를 고집하는 것은 의미가 없다고 생각합니다.

오늘날에도 모국어보다는 라틴어로 미사를 드리고자 하는 사람들이 제법 있습니다. 이러한 노스탤지어에 대해 어떻게 생각하십니까?

우리 수도원에서는 주일마다 성무일도를 라틴어로 노래합니다. 오래전에 작곡된 곡을 라틴어로 노래하지요. 그러나 기도와 독서들을 라틴어로 할 생각은 한 적이 없습니다. 만약 그렇게 한다면 사람들이 알아듣지 못하지요. 여러 나라에서 온 수사들로 구성된 모임에서 전례를 라틴어로 진행하는 것은 틀림없이 의미가 있습니다. 이러한 곳에서는 언어가 서로를 하나로 묶어 주는 역할을 할 수 있습니다. 그러나 다른 나라들에서 온 사람들이 라틴어를 어려워하는 것을 봅니다. 그러한 경우에 영어가 라틴어보다 서로를 더 많이 연결시키지요. 오직 성가를 부를 때에만 라틴어로 하는 것이 더 낫고 의미가 더 있을 수 있지요. 무엇보다 그것이 그레고리안 성가와 같이 예술적 수준이 높거나 모차르트나 브루크너Bruckner가 작곡한 미사곡일 경우에 말입니다.

공의회가 진행되던 1960년대에 유럽 사회에는 다양한 좌파 운동들이 목소리를

높이기도 했습니다. 예를 들어 1968년에 발생한 과격한 학생운동이 신부님께 미친 영향은 어떠했나요?

앞서 말씀드린 대로 저는 1967년에서 1971년 사이에는 로마에서 공부하고 있었습니다. 당시의 교회 분위기는 제게 큰 영향을 주었지요. 우리는 성 안셀모에서 살았는데 그곳에 우리 수도원에서 운영하는 대학이 있어요. 그래서 국가에서 운영하는 일반 대학교의 학생들과 만날 기회는 거의 없고, 독일의 학생들과는 거리가 매우 멀었습니다. 물론 신문을 통해 학생운동에 대한 소식을 접하기는 했지요. 제가 다시 독일로 가 보니 학생운동이 우리 수도원에서 운영하던 기숙사에도 영향을 주었더군요. 당시 이 기숙사에는 약 30명의 학생들이 있었는데 그중 학생회 간부였던 몇 명이 당시의 학생운동에 깊이 개입했기 때문에, 이들이 제기한 여러 의견이 우리의 수도생활에까지 영향을 미쳤습니다. 우리는 수도원의 오랜 전통들 중 많은 부분에 동의할 수 없었습니다. 그래서 오래된 폐습을 과감히 떨쳐 버려야 한다고 생각했습니다. 당시에 큰 불만이 팽배한 상태에서 한편으로는 올바른 수도생활을 영위하는 것과 사람들의 물음에 참된 답을 줄 수 있는 신학을 개발하는 일을 위해 심혈을 기울였습니다. 우리는 진지한 토론을 자주 하면서 우리가 생각하는 이상적인 수도생활을 위한 방식을 설계해 보려고 노력했습니다. 당시 우리가 생각한 새로운 표상들이 나이 많은 수도자들에게 모두 잘 먹혀들지 않은 것은 다행한 일이었지요. 그러나 우리가 진지하게 애를 썼던 것들이 혼란을 초래하기는 했지만 우리 수도원 공동체에 큰 축복이 되기도 했습니다.

예를 들자면 어떤 축복인가요?

우리는 그룹 다이나믹 Gruppendynamik 과 선-묵상 Zen-Meditation 을 통해서 영적 삶의 길을 찾곤 했습니다. 그룹 다이나믹은 그룹의 역동을 연구하는 심리학의 한 방법이지요. 당시 우리와 같은 젊은 수도자들에게 그룹 다이나믹의 방법론은 매우 중요했습니다. 우리 공동체에서 진행된 과정들을 좀 더 잘 이해할 수 있도록 도움을 받았으니까요. 대화를 좀 더 잘 할 수 있는 능력도 증진되었어요. 우리 수도 공동체는 먼저 서로 대화하는 것을 배워야 했고 또한 다투는 것도 배워야 했습니다. 그룹 다이나믹에 대해 이해하면 경쟁하는 일의 발생과 권력 투쟁이 이는 것에 대해 당황하지 않게 됩니다.

신부님과 동료들이 하필이면 선-묵상에서 영적 삶을 위한 새로운 길들을 찾은 이유는 무엇인가요?

제가 수련을 받기 시작했을 때, 우리는 먼저 전례를 배웠고, 로욜라의 이냐시오 Ignatius von Loyola 성인이 개발했고, 프랑스의 성 술피스 S. Sulpice 학교에서 발전시킨 묵상 방법을 배웠습니다. 이것은 추리적이고 논증적인 방법이라 할 수 있는 것입니다. 우리는 성경 구절을 읽고 일정 구절에 대해 깊이 생각하고, 그날 실천할 결의를 구성해야 했습니다. 이러한 작업은 매우 지성적이었지요. 그런데 선-묵상에서 실천하는 온전한 침묵은 우리에게 대단히 매력적이었습니다. 공부를 하는 동안 우리는 언제나 이해하는 일들과 더불어 씨름을 했었어요. 그래서 묵상을 할 때 오직 침묵만으로 일관하면서 이 침묵을 통해 내면의 고요한 공간에 도달하는 것은 참 좋았습니다. 우리는 선-묵상을 통해 초기 수도생활에서 일반적으로 수행하던 묵상이자 초기 그리스도교에서 수행하던 종류의 묵상을 실현하는 문을 다시 발견하게 되었던 것입니다. 사실 이미 우리는 묵상을 실천하고 있었는데, 곰곰이 생각하는 것으로 한 것이 아니라 자신의 호흡에 주의를 기울이고 호흡과 연계시켜서 짧은 기도문을 되풀이하는 것을 통해서 했습니다.

이렇게 진지하게 시도를 했던 것을 통해 맺은 열매의 덕을 오늘날에도 보고 있습니다. 우리가 직접 저술하여 출판하는 뮌스터슈바르차허 소책자들 Münsterschwarzacher Kleinschriften 은 이러한 노력의 결과로 생겨난 것입니다. 이 책들은 수도회의 전통을 현대 심리학과 사회학 지식들이나 삶의 체험들과 연계시키려는 노력을 담고 있습니다.

지난 1960년대에 교회와 사회의 관계에 변화가 있었다고 말할 수 있나요?

학생운동을 통해 교회와 사회에 변화가 온 것은 부인할 수는 없게 된 사실입니다. 국가도 사회에 대한 영향력을 많이 잃었지요. 소위 말하는 국회 밖에서 투쟁을 하는 단체들이 설립되었습니다. 정당들과 국회는 더이상 정치적 토론의 본질적인 장소가 되지 못했습니다. 학생들과 젊은 지성인들은 자신이 옳다고 생각하는 대로 행동했지요. 공의회가 이러한 것에 미친 영향은 거의 없는 것도 사실입니다. 하여간 이러한 일을 통해 국가와 교회가 서로 거리를 멀리 두게 되었습니다.

다른 한편으로 이 시기에 유럽의 남부와 동부에 공산 독재주의가 설쳐대면서 교회와 자유를 선호하는 시민들을 박해했습니다. 신부님의 수도회가 철의 장막 뒤에도 회원들을 갖고 있었나요? 만약 그렇다면 신부님은 이들과 관계를 맺고 있었나요?

우리 공동체는 베네딕토수도회 중에서도 선교를 위한 수도원입니다. 우리는 아프리카, 남미 그리고 한국과 관계하고 있지요. 6·25 전쟁 전에 북한 지역과 만주에서 활동하던 우리 회원들은 포로가 되었습니다. 그중 몇몇은 공산주의자들에 의해 죽임을 당했지요. 포로가 된 사람들은 1953년에 돌아왔는데, 당연하게도 중국과 북한의 독재 공산주의에 대해 많은 이야기를 해 주었습니다. 그러나 폴란드와 체코에 있던 형제들과는 어떤 연락도 없었어요. 헝가리의 판논할마 Pannonhalma 에 있던 베네딕토수도회 회원들은 예외적인 존재였습니다. 우리는 오랜 기간 경제적으로 이들을 도왔지요. 수도회에서 출간한 소책자들도 그들에게 지속적으로 보내어 우리가 생각하고 있는 것을 호흡하도록 했습니다.

신부님은 공산주의에 대해 솔직히 어떻게 생각하십니까?

학생 시절의 저에게 공산주의자들은 불량한 부류에 속한 것으로 보았지요. 공산주의자들은 사람을 억압하고 착취하는 적으로 배웠습니다. 바오로공동체가 마르크스주의적 철학과 그리스도교 신학 사이에 진지한 대화의 장을 열어 나가기 시작한 이후부터 비로소 저도 공산주의적 이념에 대해 다른 각도로 고찰해 보기 시작했어요. 그러나

이 문제를 심각하게 다루어 본 적은 없습니다. 제게 큰 관심거리가 되지 못했기 때문입니다.

그럼에도 불구하고 동유럽에서 공산주의가 몰락한 것은 신부님께도 어떤 형태로든 영향을 주었으리라 생각합니다. 이러한 결과가 온 것은 베를린의 악명 높던 장벽이 무너진 것과 연계되어 있지요.

저도 1989년에 일어난 과정을 자세히 지켜보았습니다. 1989년 가을에 저는 개신교 교회의 피정지도자들을 동반하기 위해 동독에 있었습니다. 당시 이미 여러 가지 진행되는 조짐들을 감지할 수 있었습니다. 그러나 장벽이 그렇게도 빨리 무너질 줄이야 생각도 못했지요. 그것은 제게 기적과도 같은 일이었습니다. 교회에 속한 여러 단체들이 본래 평화를 위해 기도회를 개최한 것이 계기가 되어 시작된 월요일 시위에 의해 장벽이 무너진 것을 보면 하느님께서 이 모든 것을 주관하셨다는 믿음을 참으로 갖게 됩니다. 프라하에서 부드럽게 진행된 "벨벳 혁명"에 대해서도 같은 생각을 합니다. 저는 하느님께서 이러한 기적을 이루신 것에 대해 깊이 감사하고 있습니다. 또한 우리가 이러한 기적을 어떻게 다루어 갈 것인가 하는 문제는 우리의 손에 달린 것으로 생각합니다.

공산주의가 무너진 데에는 교황 요한 바오로2세의 역할이 크지 않았나요? 신부님은 카롤 보이티아 Karol Wojtyla가 교황이 되었을 때 어떤 인상을 받았나요? 당시 이에 대해 어떤 생각을 했습니까?

폴란드의 추기경이 교황으로 선출된 것은 제게 교회가 현대화되고 있는 한 표시로 보입니다. 교회는 비이탈리아 출신을 교황으로 선출하는 용기를 냈던 것이지요. 당시 보이티아 추기경에 대한 신문 보도는 새로운 개방에 대한 희망이었습니다. 그분은 실제로 대단한 용기로 여러 전통들을 넘어서 일치운동과 종교간 대화를 위해 중요한 일들을 많이 추진했지요. 많은 사목 방문을 했고 자신의 교황헌장을 직접 작성했습니다. 독일의 주교들도 보이티아 추기경이 교황으로 선출되는 일에 지지했던 것으로 알고 있습니다.

그분이 활동했던 기간에 대해 어떤 평가를 하십니까? 그분의 재임 중에 오늘날의 교회에 가져다 준 중요한 일들은 어떤 것이며, 독일의 일부 신학자들과 주교들이 그분과 가졌던 갈등의 원인은 무엇이라고 생각하십니까?

교황 요한 바오로2세는 분명히 매우 강하고 매력적인 개성을 가진 분이었습니다. 연세가 높은 중에도 여전히 대단한 힘을 지니고 계셨지요. 그분의 큰 업적은 공산주의가 힘을 잃은 것을 들 수 있습니다. 공산주의가 몰락한 것에 그분이 한 역할을 역사적으로 증명하는 것은 결코 쉽지 않은 작업입니다. 그러나 저는 그분이 본질적인 역할을 한 것이 명백하다고 생각합니다. 교황님이 경제적 문제들이나 사회적 문제들에 대해 하신 말씀들은 이전과 마찬가지로 늘 가장 현대적인 내용을 담고 있었습니다. 저는 교회 안에서 진행되고 있는 일부 현상들에 대해 이해하기 어려울 때가 있습니다. 이러한 현상들과 이에 따르는 다른 작용들이 교황 자신에 의한 것인지, 아니면 로마에 있는 보수주의자들이 교황이 여행을 나가고 없는 틈을 활용해서 권력 투쟁을 하는 것의 결과인지 판단하기 어렵습니다. 로마의 신학이 무엇보다 윤리적인 문제에 제한되어 전개되는 것은 참으로 안타까운 일로 생각합니다. 교의적인 문제는 별로 새로운 것이 없지요. 윤리적인 문제에 있어서도 성윤리와 사제 독신제를 강하게 주장하는 정도입니다. 이는 신학적으로는 1960년대 이전의 상태로 돌아가는 것으로 보입니다.

좀 더 구체적으로 말씀해 주시겠습니까?

재혼한 사람들과 낙태 경험이 있는 여성들에 대해서 로마에서는 섬세한 배려를 하지 않는 것 같습니다. 이 문제에 대해 오랫동안 연구하고 고심하여 신중한 결론을 내린 독일의 주교들에 대해 로마는 마치 어린애 다루듯이 했습니다. 이러한 조치는 독일의 보수적인 주교들에게조차 상처를 주고 말았지요. 독일의 신학자들은 더이상 자유롭게 연구를 할 수 없을 것 같은 인상을 받습니다. 어떤 학자가 보수적인 로마의 신학자들의 마음에 들지 않는 의견을 제시했다가는 이내 정체불명의 세력들에 의해 로마에 고발당할 것 같은 상황입니다. 이러한 상황 때문에 독일의 신학자들은 로마에 대한 깊은 불신을 갖고 있지요. 이러한 것은 양쪽 모두에게 바람직하지 않습니다.

사십 년 이상 동구와 서구는 "철의 장막"으로 분리되어 있었습니다. 이 시기에 양측의 교회가 각자 체험한 영적 사항들이 유럽이 참으로 하나로 일치하는 데에

어떤 역할을 할 수 있을까요?

"철의 장막"에 의해 동서로 분리되었던 교회는 각각 다른 체험들을 했습니다. 동구의 교회에 대해 제가 정확한 설명을 할 상황은 아니지요. 그러므로 제가 받은 세 가지 인상들만 언급하도록 하겠습니다. 동독 지역에 있던 교회는 주변 세계와의 교류가 별로 없는 상태에서 자신들만의 삶을 살았던 것 같습니다. 1989년에 큰 변화가 발생한 후에도 신앙의 영역에 어떤 획기적인 발전이 있지는 않았지요. 새롭게 열린 넓은 세계가 동구의 교회에 갑자기 불확실하게 한 것 같습니다. 폴란드에서는 이와 반대로 교회가 매우 강했고 사회에 미친 영향도 대단해서 보수적이고 권위적인 존재로 머물렀지요. 그렇지만 이러한 변화를 계기로 개방된 사회의 조건들에 적응해야만 했습니다. 보헤미아에서는 교회가 자주 억압되고 박해를 받았지요. 이러한 상황은 그리스도인들로 하여금 큰 용기를 갖도록 했습니다. 이들은 어려운 조건들 속에서도 자신의 신앙을 유지해야만 했고 종종 지하로 숨어들어야만 하기도 했지요. 이러한 상황에서 하느님과 함께 하는 참된 공동체가 할 수 있는 것은 무엇이고 할 수 없는 것은 무엇인지 서서히 인식하게 되었어요. 그런 상황에서 발생한 사회적 변화들은 교회가 진리를 찾는 사람들에게 공간을 제공할 수 있는 큰 계기가 되었습니다. 저는 그곳의 학생들이 영성과 영적 가치들에 대해 큰 동경을 지니고 있다는 사실을 감지했지요.

동구와 서구의 만남은 매우 중요한 것으로 생각합니다. 서구의 교회는 동구의 교회가 하고 싶어 하는 말을 귀담아 들을 준비가 되어 있고, 동구의 교회가 한 신앙체험들을 받아들일 준비가 되어 있지요. 서구의 교회는 동구의 교회와 대화를 해나가도록 노력해야 하고 그리스도교인들과 접촉이 없었던 사람들도 이해할 수 있는 언어로 신앙적인 문제에 대해 설명할 수 있도록 노력해야 합니다. 이러한 도전은 서구의 교회에도 동구의 교회에도 중요합니다.

서구의 교회는 "철의 장막" 시대에 어떤 위험이나 유혹들에 시달렸나요?

서구의 교회는 계속된 세속화의 물결과 신도 수의 감소로 어려움에 봉착했지요. 이와 반대로 외적 조건들은 교회의 발전에 유리한 상황이었습니다. 독일 교회는 많은 돈을 지니고 있었고 사회적 영향력도 강했기 때문에 의미 있는 과제들을 수행할 수 있었어요. 소위 제3세계라 말하는 나라들에 있는 교회에 도움의 손길을 많이 제공했습니다. 독일 안에서는 교육을 위한 다양한 기획들을 실현할 수 있었지요. 게다가 일반사회를 위한 프로젝트들을 수행하여 좋은 결과를 많이 낳았습니다. 이러한 것을 종합하여 보면, 참된 신앙은 인류 전체에 매우 중요한 역할을 한다는 것을 체험했다고 할 수 있습니다. 오늘날의 교회도 무엇보다 먼저 시대의 표지를 제대로 인식하여 신앙에 깊이 뿌리내린 응답을 제공할 과제를 지니고 있지요.

구체적인 예를 하나 드실 수 있겠습니까?

물론입니다. 오늘날의 유럽에서 교회는 무엇보다 서로 이해하고 화해하는 데에 자신의 역할을 수행해야 합니다. 예를 들어 독일과 폴란드의 주교들은 동구와 서구의 화해에 함께 협력하기로 선포했습니다. 교회는 유럽의 통합과정에 조직적인 측면에서 일치되는 데에만 협력할 것이 아니라 영적 활력들을 불러일으키는 것을 통해 통합에 이바지하도록 해야 합니다. 서로 화해하는 데에 이바지해야 하고, 각 민족들이 가진 고유한 가치와 풍습을 존중하고 영적 그리고 문화적 전통들을 지니고 있음을 인정하는 데에 이바지해야 합니다. 이러한 영역에서 교회는 일치와 평화를 위한 누룩이 될 수 있지요.

여기에는 자신의 과거와 화해하는 것도 속합니다. 이전에 동독에 속했던 지역에서 체험한 공산주의적 유산과 사고방식을 독일 사람들은 어떻게 소화하고 있나요?

서독에서 1960년대에 있었던 학생운동에는 사회주의에 대한 찬송이 대단했었던 것을 볼 수 있습니다. 공산주의가 몰락하는 바람에 이러한 경향은 완전히 사라지고 말았지요. 많은 사회주의적 이념들은 이미 과거의 것이 되었습니다. 그러나 동독 지역에서는 아직도 공산주의 시절에 대한 향수가 남아 있는 것을 볼 수 있습니다. 많은 사람들이 자신들을 잘 돌봐준 좋았던 과거에 대해 동경하고 있지요. 그러나 이들은 어떤 대가를 치르고 그것이 가능했던가에 대해서는 잊고 있습니다. 저는 공산주의적 이념에 대한 향수와 배척 사이에서 아직도 공산주의적 이상과 독재적 제도에 의한 왜곡을 긍정적으로 소화한 제3의 길을 찾지 못하고 있다는 인상을 갖고 있습니다.

그리고 또 하나의 문제가 있지요. 독일 사람들의 머릿속에 아직도 "동독 출신"과 "서독 출신"이라는 장막이 존재하고 있습니다. 이들은 서로를 제대로 이해하지 못합니다. 서로 시기하지요. 내면에 존재하는 울타리가 완전히 걷혀서 참으로 아무런 선입관 없이 서로 대할 수 있기까지는 아직도 많은 시간이 필요합니다.

독일 민족은 20세기에 자신의 과거에 대해 진지하게 고찰한 적이 있습니다. 하이델베르크의 철학자 칼 야스퍼스 Karl Jaspers 는 전쟁이 끝난 직후 출판된 자신의 책 『죄에 대하여 Schuldfrage』에서 죄의 문제성과 나치즘의 범죄에 대한 책임에 관해 다루었습니다. 신부님이 이러한 문제를 처음으로 인지하신 때가 언제였는지 기억하시는지요?

나치주의자들의 범죄행위에 대한 논쟁은 전쟁이 끝나자마자 시작되었지요. 또한 동시에 배척하는 과정도 시작되었지요. 사람들은 과거의 죄에 대해 생각하기보다는 서독을 물질적으로 다시 부흥시키는 일에 몰두하기를 더 좋아했습니다. 1960년대에 독일에서 『슬퍼할 능력의 부재 Die Unfähigkeit zu trauern』라는 책이 출판되었습니다. 이 책에서 독일 사회 전체가 나치주의자들이 저지른 범죄에 대해 조금도 참회하지 않고 있다는 비난을 던졌습니다. 과거의 잘못에 대해 슬퍼할 능력의 부재는 사회 전체가 어두운 과거를 떨쳐버리고 벗어나오지 못하고 경직되게 했어요. 저 자신은 전쟁을 경험하지 못했고, 저의 아버지께서는 나치주의자들에 저항하는 운동에 활발하게 가담했지만, 독일인에 속한 저로서는 우리 독일 국민 전체가 짊어지고 있는 잘못에 대한 책임의식을 느끼고 저지른 잘못에 대해 깊이 뉘우치고 사과해야 할 필요가 있다고 생각합니다.

저 자신은 김나지움 학생이던 15-16세 때에 독일의 과거에 대한 논쟁의 문제를 인지했어요. 바로 그 시절에 이 문제가 다시 대두되었고 언론에서만이 아니라 학교 수업시간과 종교시간에 언제나 다시 언급되었지요. 우리는 강한 관심을 가지고 보르케르트Borchert 가 저술한 『문 밖에서Draußen vor der Tür』라는 책과 가톨릭교회가 나치주의자들의 범죄를 배척하는 것에 대해 강하게 비판한 하인리히 뵐Heinrich Böll 의 책들을 읽었습니다.

몇 년 전에 독일에서 다윗 골드하겐David Goldhagen 이 저술한 『히틀러의 협조자들Hitlers willige Vollstrecker』이란 책이 출판되었는데, 이 책은 독일 사회에 들어 있는 반유대주의의 근원에 대해 다루었습니다. 신부님은 나치즘의 근원과 지난 1930년대에 독일 사회의 넓은 층이 이것을 받아들인 원인이 어디에 있다고 생각하십니까?

아돌프 히틀러Adolf Hitler 의 나치즘은 분명히 많은 근원을 갖고 있습니다. 그중 하나는 제1차 세계대전 이후 맺은 베르사이유조약에 의해 독일민족이 굴욕을 감당해야만 했던 것입니다. "자연으로 돌아가자"는 운동도 여기에 속하는 것으로 볼 수 있는데, "철새운동Wandervogelbewegung "과 "민족과 땅에 관한 찬미Glorifizierung von Blut und Boden "를 예로 들 수 있습니다. 당시 독일 사람들은 열등의식을 느끼고 있었는데, 개인적으로 대단한 열등의식 콤플렉스에 시달리던 히틀러는 독일 민족이 위대하다는 이론을 정립하여 이들의 귀에다 대고 열변을 토했던 것이지요. 그의 목소리는 무엇보다 건강한 중립을 지키지 못하고 한쪽으로 지우쳐 있던 사람들의 가슴에 깊이 스며들었습니다. 제게는 당시 상당히 지적인 사람들도 이러한 유치한 이론에 열광했던 것이 놀랍고 의아한 일입니다. 그리고 저는 당시 나치사회주의가 그렇게 빨리 독재정권을 형성하여 독일 백성 전체를 장악한 것에 대해 아직도 제대로 이해하지 못하고 있습니다.

반유대주의는 이전에도 언제나 잠재하고 있었지요. 무능하여 어려운 삶을 살아가고 있던 많은 수의 사람들이 분을 푸는 속죄양으로 소수의 성공한 유대인들을 선택했던 것입니다. 여기에는 당연히 질투가 큰 역할을 했지요. 당시 민족 전체가 자신의 역사와 영혼에 존재하는 어두운 면들을 인지하기를 거부했어요. 그렇게 하기는커녕 속죄양을 선정하여 자신의 죄를 그에게 덮어씌운 것입니다.

나치당의 높은 지위에 있었던 마르틴 보르만 Martin Bormann 의 아들이 사제가 되었는데, 그의 말에 의하면 히틀러 주변에 있던 사람들 중 일부는 자신들의 아버지와 좋은 관계를 가지지 못했다고 합니다. 그래서 이들은 자신의 핸디캡을 지도자에 대한 충성심으로 극복하고자 했다는 겁니다. 신부님은 이들의 이러한 느낌이 그렇게도 엄청난 비극적인 결과를 낳을 수 있다고 생각하십니까?

한 사람이 참된 성인이 되는 데에는 건강하게 자라는 것이 매우 중요한 일입니다. 성장 과정에서 아이들이 아버지와 어머니로부터 매를 맞는 고통을 체험하는 것은 자연스럽게 발생하는 일입니다. 심리학적인 한 법칙을 소개하면 다음과 같지요. 어린 시절에 입은 상처들을 보려고 하지 않아 그것을 제대로 소화하지 않은 사람은 다른 사람이나 자기 자신을 다치게 하기 십상이고, 경우에 따라서는 어린 시절에 상처를 입던 상황들을 재현하기도 한다는 것입니다. 저는 히틀러가 부모님에 의해 어떤 형태로든 상처받은 사람들에게 특별히 다가갔음을 쉽게 짐작할 수 있어요. 아버지로부터 상처받은 사람은 언제나 의심이 많고 권위에 대해 반항적이며 그래서 이율배반적으로 스스로 권위적인 사람이 됩니다. 히틀러 자신이 독재적인 아버지 밑에서 자란 것은 잘 알려진 사실입니다. 알리스 밀러 Alice Miller 는 자신이 저술한 『최초에 교육이 있었다』라는 책에서 히틀러의 아버지가 사생아였다고 서술했습니다. 히틀러의 할아버지는 그라츠 Graz 출신의 유대인이었을 것으로 추정합니다. 히틀러의 아버지는 자신이 사생아라는 치욕을 외적으로 모든 일을 완벽하게 해내는 것으로 지워 보려 했고, 그 과정에서 그는 도대체 어떤 행동을 할지 알 수 없는 독재자가 되어 버린 것입니다. 히틀러는 아버지에 대한 증오심을 최종적으로 그의 정치적 활동에서 온전히 드러냈지요. 아버지에 대한 증오심을 인정하고 소화하는 대신 그것을 제멋대로 분출시켜 버렸던 겁니다. 밀러는 히틀러가 온 세상을 잿더미로 만들어 버렸다고 할지라도 아버지에 대한 증오심으로부터 결코 벗어날 수 없었을 것으로 생각합니다. 아버지와 대면하여 화해하기를 시도하지 않았기 때문이라는 것이지요. 히틀러는 온 세상에 상처를 주었지만 자신이 입은 상처로부터는 해방되지 못했습니다. 아버지에 대한 그의 증오심은 아버지에 대한 같은 증오심을 가진 다른 남자들을 끌어들였던 겁니다.

신부님은 나치즘이나 전쟁에 적극적으로 가담했던 사람들과 개별적으로 만나 보

신 체험이 있나요?

제가 영적 동반을 하는 분들이 대개 60세 전후입니다. 이들 중 모두가 전쟁을 직접 겪은 것은 아니지만 전쟁이 낳은 결과는 깊이 느낍니다. 이들 중 적지 않은 사람이 전쟁 중에 아버지를 잃었고, 일부는 도망쳐야만 했으며, 다른 일부는 자신의 아버지가 나치당 당원이었다는 사실을 대면해야만 했지요. 이러한 과거를 제대로 소화하는 것은 대단히 어려운 일입니다. 고해소에서 저는 직접 전쟁에 나가 전투를 한 사람들도 만났습니다. 그러한 자리에서 "저는 매우 나쁘고 죄 많은 사람입니다"라고 고백하는 말을 자주 들었어요. 이러한 사람들은 나이가 들면서 어떤 죄와 책임을 자신에게 지우고 있는지 의식하게 되었던 겁니다. 이들 중 일부는 우울증에 걸려 자신을 매우 나쁜 사람으로 규정하고, 일부는 아무런 죄가 없다고 완강하게 버티며 쉽게 극우파가 되어 자신의 죄를 다른 사람들에게 전가하고 맙니다.

3
기도하며 일하며, 베네딕토 수도승 안셀름 그륀

공부를 마친 다음에는 무엇을 하셨습니까? 즉시 수도원으로 돌아가셨나요?

1971년에 신학석사 학위 취득으로 기본적인 공부를 마쳤는데, 곧이어 뷔르츠부르크 Würzburg 에서 박사논문을 작성했지요. 석사 후 젊은이들을 위한 일에 종사했는데, 거의 반 년 동안 수도원 기숙사에서 김나지움 학생들을 위한 사감으로 일했고 반 년 동안 소신학생들을 위한 신학원 원장으로 일했습니다. 1974년 3월에 로마에서 박사학위 논문이 통과되어 박사가 되었지요. 그 후 당시의 아빠스께서 경제학을 공부하여 수도원의 경제적인 일들을 관리하는 당가 Cellerars 로서 일해 주기를 요청해 왔습니다. 그것은 제게 충격적인 일이었습니다. 저는 신학공부를 더 하거나 영적상담을 깊이 수행해 나가기를 원했기 때문이었지요. 그래서 경제학을 공부하면서도 시간을 내어 강의와 피정지도를 꾸준히 지속했습니다. 경제학은 단 2년을 공부했을 뿐입니다. 1976년부터 수도원 관리사무실에서 일하기 시작했고

1977년부터는 이 일의 책임자가 되었어요. 당가로서 제가 가장 먼저 한 일은 손님을 위한 집을 새로 짓는 것이었습니다. 1981년에 이 집을 완성했어요. 그 이후 저는 이 집에서 대단히 많은 수의 피정과 연수를 진행했는데, 사용된 피정 주제들은 수도원 출판사에서 소책자로 출판되었습니다.

수도원 관리하는 일 외에 청소년들을 위한 일에도 정성을 다했습니다. 우리가 속해 있던 교구에서 거의 매 주말마다 피정지도를 했고, 주로 젊은 사람들과 단체들을 위한 피정이었습니다. 시간의 경과에 따라 점점 더 많은 젊은이들이 모여와 1974년부터 수도원에서도 이들을 위한 피정을 지도하기 시작했어요. 1978년 이래로 저는 부활방학, 성령강림주간, 여름의 긴 방학기간, 연말 방학기간을 활용하여 젊은이들을 위한 피정을 좀 더 큰 형태로 구성하여 진행했습니다. 피정에 참여한 수가 처음에는 소수였지만 빠른 속도로 늘어나서 매회 30명을 넘어섰어요. 부활방학과 연말방학에는 250명이 넘는 젊은이들이 몰려왔지요. 저는 몇몇 젊은 동료 수사님들과 외부에 거주하는 지도자들과 함께 이 피정과 연수를 즐겨 동반했습니다. 게다가 저는 처음부터 성가대에도 함께했어요.

수도원에서 관리업무를 수행하는 분이 젊은 사람들을 이해하여 그들과 교류를 하고 영성적 주제들을 다룬 책들을 저술하는 것에 대해 놀라는 사람들도 있는 것 같습니다. 신부님께서 어떻게 하여 이 두 영역을 잘 수행하실 수 있는지 궁금합니다.

제가 스스로 이 직책을 선택한 것이 아닙니다. 수도원 총원장아빠스께서 제게 이 직책을 수행하도록 제시하셨을 때 저는 심각한 상황으로 굴러 떨어졌어요. 그러나 오늘날 저는 기꺼이 이 직책을 수용하고 있습니다. 시간이 흐르면서 이 과제가 저를 현실과 접목시키고 있다는 사실을 인식하게 되지요. 이 과제는 제가 저술할 때와 강의를 할 때 모든 것이 현실에 부합하는지 고찰하도록 종용합니다. 내가 말하는 것을 나 스스로 일상의 구체적인 현실에서 실현할 수 있는가?

게다가 저는 수도원의 재정을 관리하는 직무가 베네딕토 성인이 말씀하신 대로 영성적 과제이기도 하다는 것을 알고 있습니다. 수도원에 인간적인 분위기를 조성하는 것과 사람들이 일을 할 때에 기쁨을 갖도록 배려하는 것은 매우 중요합니다. 또한 돈을 영성적으로 사용하는 것도 제게는 매혹적인 일이지요. 돈은 사람에게 봉사해야 합니다. 돈을 창조적으로 활용할 줄 아는 사람은 사람의 생명을 불러일으키는 프로젝트들을 추진할 능력이 있습니다. 우리 수도회가 영성적으로 돈을 사용하는 것은, 예를 들어, 우리가 수행하는 선교를 지원하고 750명의 학생들이 공부하는 김나지움을 지원하는 것입니다.

교회에서 돈을 관리하는 방법은 대개 두 가지로 분류할 수 있지요. 하나는 돈이란 것은 사라지고마는 허망한 것에 지나지 않는 것으로 보아 허비해 버리는 것이고, 다른 하나는 지나치게 절약하는 것입니다. 성당을 보수하거나 짓는 데에는 엄청난 양의 돈을 투자합니다만, 종교선생, 본당사무원, 사목협조자와 같은 사람들에게 주는 보수에서는 절약하려 힙니다.

교회는 돈을 영성적으로 사용하는 것을 좀 더 배워야 합니다. 돈을 영성적으로 사용한다는 것은 저에게 창조적으로 그리고 풍부한 상상력으로 활용하는 것을 의미합니다. 그러나 결정적으로 중요한 것은 돈에 대해 내적 자유를 갖는 것이고, 또한 돈으로 하고자 하는 목적이 무엇인가 하는 것입니다. 예를 들어 종교시설을 보수하는 일에 돈을 투자할 때, 일이 부실하게 진행되지 않도록 주의를 기울여야 합니다. 보수하는 것이 새로 짓는 것보다 돈이 더 드는 경우도 있지요. 이런 일을 늘 알맞게 해야 합니다. 우리는 다른 사람들이 무엇을 필요로 하는가에 대해서도 눈을 뜨고 있어야 합니다. 건축물은 무엇보다 사람들에게 도움이 되어야 하지 자신의 사회적 평판이나 명예를 높이는 데에 집중되어서는 곤란합니다.

신부님이 지금까지 해 오신 역할들을 종합해 보면, 신부님은 조직을 잘하는 재능을 지니고 계신 것이 틀림없습니다. 신부님은 이런 일을 하실 때에 어떤 원칙을 정해 놓고 그것을 지키는 것을 우선시합니까, 아니면 그때그때의 상황에 따라 적절히 대처하십니까?

저의 강점은 갈등 상황을 논리정연하게 해결하는 데에 있지는 않아요. 제게 중요한 것은 함께 참여하여 토론하고 동의하도록 하는 것입니다. 어떤 건축물을 짓는 일에도 다양한 의견이 쏟아지고 대립할 때, 각자 자신의 견해를 설명하도록 기회를 줍니다. 그리고 어떻게 하면 가장 잘 지을 수 있는가에 대해 질문합니다. 사람들이 이견을 좁히지 못하고 계속 대립하기만 하면 최종적으로 제가 결정합니다.

이러한 방법은 시간이 많이 걸리기 일쑤이지요. 그러나 모두가 참여하여 결정할 경우에는 나중에 생길 수도 있는 마찰로 인한 손실을 줄일 수 있습니다.

신부님은 출판사의 사장으로도 일하고 계십니다.

출판사 사장의 직책은 덤으로 수행하는 일일 뿐입니다. 우리는 다행히도 이런 일들을 잘 수행하는 협조자를 두고 있어요. 저는 출판 프로그램의 내용을 살펴보고 교정하는 일에 일부 가담할 뿐이지요. 3년 전부터 젊은 수사 한 분이 출판사의 일을 주관하고 있기 때문에 저의 역할은 미미합니다. 저는 단지 글을 쓰는 작가일 뿐이지요. 물론 무엇보다 먼저 우리 출판사를 위해 글을 씁니다만, 헤르더 출판사 Verlag Herder, 크로이츠 출판사 Kreuz-Verlag, 프라하에 있는 가르멜출판사 Karmeliterverlag 를 위해서도 글을 씁니다.

수도원에서 일상생활을 어떻게 지내시는지 말씀해 주시겠습니까?

가장 좋은 것은 수도원의 규칙을 따라 사는 것이므로 하루를 그렇게 시작합니다. 우리는 새벽 4시 40분에 일어나서 5시 5분에 아침 기도를 하고 5시 45분에 묵상을 하며 6시 15분에 미사를 드립니다. 7시에 아침식사를 하지요. 7시 40분부터 11시 45분까지 일하는 시간이고 12시에 낮기도를 바칩니다. 12시20분에 점심식사를 하고 잠시 쉽니다. 13시 30분부터 17시까지 다시 일하는 시간입니다. 18시에 저녁기도를 드리고 18시 40분에 저녁식사를 하고 함께 레크리에 이션 시간을 가진 후 19시 35분에 마침기도를 드리지요.

개인적인 일정으로는 7시 10분에서 8시 사이에 책이나 자료를 읽습니다. 그런 후 8시에 사무실로 가지요. 오전엔 수도원 관리 업무를 수행합니다. 우편물을 처리하고 직원들과 업무와 관련된 대화를 하며 은행과 관청 업무를 수행하지요. 이 시간에 수도원 형제들이나 직원들이 저를 만나 대화를 할 수 있어요. 오후에는 피정의 집에서 일합니다. 여기서는 사제나 수도자들을 만납니다. 때로는 손님을 위한 집에서 사람들을 만나기도 하지요. 매주 한두 번 저녁 시간에 강의를 합니다. 그런 후 밤늦게 돌아와요. 주말에는 대부분 피정지도나 연수를 하는데, 이곳 손님을 위한 집에서 하거나 우리가 운영하는 다른 수련원들에서 합니다.

신부님의 수도원에서 사는 수도자는 몇 명이나 되고, 직원으로 일하는 일반인은 몇 명이 어떤 부서에서 일합니까?

뮌스터슈바르차흐 수도원에서 사는 수도자는 약 100명 정도 되는데, 이 수도원에 속한 수도자는 모두 185명입니다. 이들 중 약 50명이 탄자니아, 케냐, 남아프리카, 필리핀과 한국에서 일하고 있어요. 게다가 우리는 뷔르츠부르크에 신학원을 가지고 있고, 담 Damme 에 수련원을 가지고 있어서 이곳에서 여러 명의 수도자들이 살면서 일하고 있습니다.

수도원은 약 280명의 직원을 두고 있어요. 이들은 학교, 손님을 위한 집, 부엌, 인쇄소, 출판사, 서점, 금속공예점, 농장, 화원에서 일하고 있고, 그 외에도 빨래방, 목공소, 자동차 정비소, 함석제작소, 발전소를 비롯한 여러 곳에서 일합니다. 우리는 대략 스무 개 분야의 일터를 운영하고 있어요. 모든 일꾼은 정해진 임금을 받습니다. 수도원은 수많은 일자리를 제공하여 사람들이 좋은 조건으로 일하며 안정되게 살아가도록 합니다. 이것은 주민들을 위한 사회적 책임을 다하는 것이라 할 수 있습니다.

그렇게 많은 일들 때문에 때로는 내적 생활에 지장을 초래할 수도 있겠군요. 신부님께서는 베네딕토 성인이 말씀하신 "기도하고 일하라"라는 모토를 수도원에서 실현할 수 있다고 믿나요? 일하는 것과 영적 삶을 살아가는 것 사이의 알맞은 균형을 어떻게 인식하지요?

이 질문에 대한 답은 제 경우를 말씀드리는 것으로 대신해야 하겠군요. 일하는 것과 영적 삶을 살아가는 것 사이의 건강한 균형에 매우 중요한 것은 성무일도를 바치기 위해 일을 중단하는 것이 언제나 가능해야 합니다. 하루를 시작하면서 맞이하는 첫 세 시간은 침묵과 기도의 시간입니다. 이 시간에 저는 내적 원천과 접촉하는데 이때 일할 수 있는 힘을 얻어요. 개인 수방으로 돌아오면 일을 놓아 두는 것도 중요합니다. 사무실의 일을 제 방으로 가져오는 경우는 결코 없지요. 그리고 사무실에서 근무시간을 초과해서 일하는 경우도 결코 없어요. 제가 일을 더이상 진행해 낼 수 없을 경우에는 다른 방식으로 조직해야 합니다.

결정적으로 중요한 것은 일도 영성직 과정 중 하나라는 것입니다. 일하는 과정에서 제가 사람들에게 있는 선함을 신뢰하고 있는지, 각 개인을 존중하는지, 나의 내면에 든 믿음의 원천으로부터 살아가는지, 아니면 단지 자신의 힘만으로 살아가는지, 일을 하느님과 사람들에게 봉사하기 위해 하는지, 아니면 나 자신을 돋보이게 하기 위해 일하는지입니다.

취미생활을 위한 시간이 나는지요? 어떤 취미를 가지고 있나요?

취미를 위한 시간이 많지 않아요. 주일 오후는 오직 저만을 위한 시간으로 정해 두었는데, 저는 읽는 것을 좋아하고 음악듣기를 좋아합니다. 또한 산책하는 것도 좋아합니다. 휴가 기간에는 산책과 책읽기를 위한 시간을 많이 확보해요. 이것이 제가 가장 좋아하는 취미이지요. 그리고 제법 긴 자유 시간이 주어지는 경우가 어쩌다 생기면 음악회나 연극을 보러 갑니다.

어떤 음악을 즐겨 들으시나요?

저의 형제들이 제게 CD 플레이어를 하나 선물했어요. 그래서 저는 교회의 전례력에 따라 바흐의 칸타타를 듣지요. 모차르트와 하이든도 즐겨 듣습니다. 칸타타를 들을 때에는 다른 어떤 일도 하지 않고 음악 속으로 깊이 빠져듭니다. 가벼운 일을 할 때에는 바로크 음악을 잘 들을 수 있습니다. 그러나 집중해서 일을 할 때에는 고요한 침묵 중에 해야 합니다.

신부님께서는 예전에 축구를 즐겨 하셨는데, 특별히 선호하는 축구 구단이 있나요?

청소년 시기부터 좋아한 축구 구단은 뮌헨구단입니다. 우리는 자전거를 타고 그곳으로 가서 축구하는 선수들을 보곤 했어요. 그러나 요즈음은 이 취미에 상당한 거리를 두고 있습니다. 축구 구단은 언제나 돈에 급급해 합니다. 동료애와 공동체에 대한 의식이 결여되어 있어요. 그런데 젊은이들이 우리 수도원 운동장에서 축구하는 것을 볼 때에는 나가서 함께 뛰고 싶어 발이 근질근질하다는 사실을 고백해야겠군요. TV로 중계 축구 시합은 보지 않습니다. 시간이 너무 아깝거든요. TV가 있지만 다른 프로도 보는 일이 없어요.

수도규칙으로 돌아가 봅시다. 오늘날의 수도생활은 이전의 수도생활과 무엇이 다른가요?

1964년에 입회할 당시만 해도 공동체는 여전히 권위적인 구조였어요. 거의 모든 것이 규칙으로 정해져 있었지요. 오늘날 공동체는 많이 민주화되었습니다. 우리의 수도공동체는 여덟 개 지회로 나누었는데, 회원들이 공동체를 넘나드는 것은 가능합니다. 그러나 모두 함께 결정합니다. 함께 대화하는 경우가 많습니다. 오늘의 사회가 요청하는 것들에 대해 어떻게 하면 우리의 신앙과 베네딕토수도회의 카리스마에 어울리는 답을 제시할 수 있을까 많은 고심을 하지요. 우리에게 중요한 것은 시류에 쉽게 적응해가는 것이 아니라, 베네딕토수도회의 정체성을 진지하게 지켜가는 것이지요. 우리가 참된 수도자가 될 때 젊은이들이 우리에게 오기 때문입니다. 오직 그럴 때에만 우리의 삶이 의미를 가집니다.

우리 수도원의 총책임자인 피델리스 루페르트Fidelis Ruppert 아빠스의 모토는 "너희 모두는 형제다Omnes vos fratres"입니다. 그분은 영적 삶을 서로 나누는 것과 미래를 위한 결정들을 함께하는 것을 중요하게 여깁니다. 또한 각자 자신에게 좋은 만큼 그리고 자신이 타고난 본성에 따라 교육을 받는 것을 중요하게 생각합니다. 자신이 원하는 것을 채우는 만큼만이 아니라 자신의 능력이 자라는 만큼 교육받는 것을 중요하게 생각해요. 우리는 수도원 밖에서도 많은 일들을 활발하게 진행하고 있습니다. 그런데 공동체는 자기 자신을 위해서도 배려하려고 노력할 때에 생기를 유지할 수 있지요.

신부님은 오늘날의 수도생활에서 어떤 것이 가장 결여되어 있다고 생각하시나요? 많은 수도원에서 성소가 자꾸만 감소되고 있는 현상의 원인은 무엇인가요?

많은 수도공동체에 투명함과 영적 힘이 결여되어 있습니다. 영적 활력과 깊이를 채우지 못한 채, 일부 수도공동체는 현실에 맞추려들고 일부는 옛것을 고집합니다. 이러한 수도공동체들에는 성소가 감소하지요. 이들은 젊은이들에게 자신의 정체성을 이해시키지 못하고, 그들의 영성과 일들이 중요하다는 것을 설득력 있게 제시하지 못합니다.

신부님은 수도원에서 위기를 겪거나 고통스러운 기간을 체험한 적이 있습니까?

만약 그렇다면 어떤 문제였나요?

매우 고통스러웠던 시기는 1970년대였습니다. 당시 수도원에는 위기감이 팽배해 있었고, 많은 수의 형제들이 수도원을 떠났어요. 때때로 자신에게 "만약 내가 존경하는 몇 분마저 수도원을 떠나는 일이 발생한다면 내가 굳이 이곳에 남아 있을 이유가 있을까?"라는 질문을 하곤 했지요. 이런 시간이 있었지만 1978년 무렵부터 전환되기 시작했습니다. 우리 회원들은 우리의 고유한 정체성을 지켜갈 용기를 내었던 겁니다.

어떤 방법으로 그렇게 하셨나요?

무엇보다 먼저 우리는 수도생활의 원천에 관한 공부부터 시작했는데, 베네딕토수도회의 고유한 영성을 지켜가는 데에 큰 용기와 힘을 얻었어요. 물론 공동체 안에는 문제들이 언제나 다시 발생합니다. 수도원도 천국은 아니지요. 요즈음도 일부 형제들의 좁은 마음에 의해 발생되는 작은 일들에 의해 고통을 받는 경우가 가끔 있습니다.

구체적으로 어떤 일들인가요?

마음이 좁은 사람들은 다른 사람의 입장을 헤아리거나 신뢰하지 못하고 자신의 잣대로 모든 것을 판단합니다. 이들은 언제나 의심하기 때문에 다른 모든 사람을 통제하려 하지요. 새로운 아이디어에 대해 일부 형제들이 처음부터 거부하는 자세를 취하는 모습을 지켜볼 때에나 수도원의 다른 형제들이 돈을 얼마나 지출하는가에 대해 상세히 따지는 모습을 볼 때는 괴롭지요.

소심함과 신앙에 대한 의심으로 고통을 받은 적은 없었나요?

저의 영성이 수도회의 영성과 일치하는지, 내가 하느님에 대해 생각하고 말하는 것이 나의 개인적인 공상에 의한 것은 아닌지 의심스러울 때가 있습니다. 그런데 이러한 의심에 대해 끝까지 고찰하고 나면, 내가 성경과 영적 전통에 충실하고 있다는 확신이 섭니다. 내 안에 맴도는 의심은 모든 것을 좀 더 잘 알아가는 것을 방해하고, 하느님은 누구인지, 부활이 실제로 의미하는 것은 무엇인지 언제나 다시 묻게 합니다. 소심함도 종종 괴로움의 원인입니다. 대부분 자신을 신뢰합니다만, 자신에게 너무 많은 짐을 지운 것은 아닌가에 대해 걱정하는 때도 있어요. 그럴 때에는 직접 소심함에 대항하여 싸우려 하지 않고 자신이 가진 척도에 대해 다시 생각해 보라는 도전으로 간주합니다. 그렇게 하여 자신의 능력에 기대하기를 포기하고 하느님의 손에 모든 것을 맡겨 드리고 맙니다.

신부님 수도원에는 정신적 위기에 봉착한 사제와 수도자들을 위한 프로그램을 운영하고 있지요. 이들이 겪는 위기의 원인들은 무엇인가요?

1991년부터 우리 수도원에서 운영하고 있는 피정의 집을 말씀하시는군요. 이 집은 사제들과 남녀 수도자들 중에서 위기 상황에 있거나 탈진한 사람 또는 단순히 자기 자신을 위한 시간을 갖고 싶어 하는 사람을 위한 집입니다. 어떤 분은 새로운 과제를 부여받기 전에 그 일을 수행할 힘을 축적하기 위해서 옵니다. 다른 어떤 분은 일만 하다가 영적 삶에 대해서는 통 소홀히 했다는 느낌이 들어 회복하기 위해 옵니다. 어떤 분들은 분쟁에 휩쓸려 심한 상처를 입고 옵니다. 이들은 상처 입은 것을 고찰하면서 그렇게 되는 데에 원인이 된 자신의 태도를 돌이켜봅니다. 이들은 우리 곁에 석 달을 머무는 데 정원은 18명입니다. 사람들이 항상 만원이기 때문에 등록한 후 차례를 기다려야 합니다.

이들을 영적으로 돌보고 내면의 상처들을 치유하는 것은 전문적인 능력을 갖추어야 하는 것이고 매우 힘든 일일 것 같은데요. 신부님 혼자서 모든 것을 해결해내나요?

아닙니다. 각 손님마다 주중에 심리치료사와 영적 상담자의 도움을 받습니다. 저는 수사님 두 분과 수녀님 한 분과 함께 이 분들의 영적 상담만 합니다. 전문의와 심리치료사도 있습니다. 영성적 측면과 심리적 측면을 함께 연결하여 치유하는 것은 우리에게 매우 중요한 일입니다. 이러한 치료로 영적 삶에 큰 지장을 초래하는 나쁜 생활습관들로부터 벗어나게 합니다. 하느님을 만나고 자신을 새로운 방법으로 사람들에게 개방할 수 있는 기회로 삼도록 자신의 상처에 있는 것을 보도록 영성적으로 돕습니다.

피정의 집에서 매주 정기적으로 진행하는 것은 심리치료 집단, 활력을 북돋기 위한 그룹, 일상생활을 돕는 그룹 그리고 영성을 위한 그룹이 있습니다. 손님들은 집과 부엌에서 함께 일하고 두 시간씩 한 주에 세 번 수도원의 일터에서 일합니다.

우리는 지난 12년 동안 손님들과 매우 좋은 경험을 해 왔습니다. 이들은 힘을 얻어 새로운 마음과 기쁨으로 사제직과 수도성소로 돌아갔습니다. 몇몇은 사제직과 수도원을 떠나기도 했습니다만, 이들도 내적 평화를 언제나 유지하고 있습니다. 많은 주교님들이 자신의 교구에서 이런저런 문제들로 어려움을 겪고 있는 사제들을 더이상 어떻게 해 볼 수 없어서 외부의 도움을 필요로 하는 경우에 우리에게 보내는 것에 감사하고 있습니다. 우리는 일곱 개의 교구와 함께 일하고 있습니다. 매년 우리 피정의 집 팀과 일곱 교구에서 파견된 사람들이 함께 모여 회합을 합니다.

이러한 사제들과 수도자들이 겪는 어려움들 중에서 가장 잦은 것은 무엇이고, 어떤 것이 이들을 병들게 하며, 치유를 위한 길은 어떤 것들인가요?

이들이 가진 어려움은 무엇보다 내적으로 완전히 탈진하여 자신의 영적 삶과 일에 대해 더이상 기쁨을 가질 수 없는 것이지요. 이들은 자신의 신앙을 잃어 버려서 새로운 동반이 필요합니다. 여기에는 물론 다른 문제들도 있습니다. 우울증에 젖어 있다든지, 자신이 걸어온 길이 올바른 선택이었나에 대한 의심, 외로움, 성문제와 같은 것을 예로 들 수 있습니다. 기대치가 너무 높거나 "위로부터의 영성"이 너무 강한 힘으로 작용하여 이러한 이상에 도저히 도달할 수 없을 때 자주 문제가 발생합니다. 구조적인 문제들도 있습니다. 많은 사제들이 다섯 개의 본당을 동시에 돌보아야 하는데, 과중한 일이 이들을 내적으로 병들게 합니다. 또한 많은 사제들이 사회적 고립으로 외로움을 느끼고 있지요.

치유의 길은 당사자가 문제의 원인을 당장 그 자리에서 즉시 판단할 것이 아니라 거리를 두고 고찰하도록 하는 것에서 시작됩니다. 이들은 먼저 자기 자신과 그리고 자신이 살아온 삶의 역사와 맞대면하여 소화해야 합니다. 이어서 둘째로 해야 하는 작업은 새로운 전략을 발견하는 것, 자신의 고유한 능력들을 동원하는 것, 자신의 영혼이나 공동체에서 하고 있는 일에서 발생한 문제들에 반응하는 것입니다. 셋째 작업은 치유하시고 해방하시는 하느님의 표상을 발견하여 발전시키는 것입니다. 하느님께 대한 우리의 표상은 최종적으로는 자신에 대한 자기 표상과 연계되어 있습니다. 이 모든 것을 종합하여 말하자면, 자주적으로 그리고 건강하게 살아가기 위해서는 하여간 새로운 영성이 필요합니다.

신부님이 많은 에너지를 투입하고 계신 피정의 집과 피정에 대해 좀 더 이야기해 봅시다. 이러한 피정이 영적 삶에 어떤 의미가 있다고 생각하십니까?

개인피정은 영적 삶에 있어 중요한 길 중 하나입니다. 한 주간 정도 침묵 중에 하느님의 말씀과 기도에 집중하면 하느님을 만날 수 있고 개인적인 성소를 파악할 수 있어요. 피정은 각 개인이 처한 삶의 여정과 내면의 상태에 따라 각자의 성소를 언제나 다시 새롭게 구체화합니다. 그래서 이전에는 제가 개인피정을 직접 지도하곤 했지요. 요즘은 시간 부족으로 더이상 직접 지도할 수 없어요. 저 자신은 해마다 개인피정을 하고 있는데, 이 년에 한 번은 다른 사람의 지도를 받으며 합니다.

신부님의 영적 발전에 베네딕토 영성이 가장 크게 작용하는 영역은 어디인가요?

영적 성장에는 초기 수도자들과의 만남이 매우 중요합니다. 심리학이라는 안경을 끼고 사막 교부와 수도자들을 고찰하는데, 이것을 통해 초기 남녀 수도자들의 지혜를 알게 되었습니다. 단순히 역사적인 사유방식만으로 연구하는 사람들은 이러한 지혜를 알 수 없지요. 수도회를 창설한 분들의 문헌들 탐구를 통해 나 자신의 어두운 면을 대면할 수 있는 용기를 얻었습니다. 이러한 탐구는 또한 나로 하여금 신앙의 심리학적 측면과 영성적 측면을 결합할 수 있게 했어요. 그뿐만 아니라 온몸과 온 마음을 다해 진심으로 하느님을 찾도록 했지요. 하느님을 찾는 것이 저의 영적 삶의 핵심적인 내용입니다. 저는 머물지 않고 계속해서 길을 걸어갈 것입니다. 그렇게 하여 베네딕토 성인이 자신의 수도자들에게 요구한 대로 참으로 하느님을 만나러 나아갈 것입니다.

"하느님을 찾는다"는 것이 신부님께는 무엇을 의미합니까?

예를 들어 하느님께 대해 제가 떠올린 표상들에 대해 점점 더 깊이 질문해 들어가는 겁니다. 그러면 모든 표상과 개념을 넘어 계시는 하느님을 뵐 수 있지요.

그러한 것에 사용할 힘을 어디서 길어 올립니까?

개인적으로는 날마다 하는 기도와 일의 리듬 안에서 자신에게 필요한 만큼의 적절한 힘을 길어 올릴 가능성을 지닙니다. 그리고 전례를 좋아합니다. 시편을 즐겨 노래하고 공동으로 바치는 성무일도에 자신을 내맡깁니다. 날마다 드리는 미사는 제가 힘을 길어 올리는 원천이고, 사랑을 길어 올리는 원천입니다. 이 사랑의 원천은 저의 불완전한 삶으로 깊이 파고들어 치유하는 사랑을 제공하는데 결코 마르는 일이 없지요.

19, 20세기에 있었던 영적운동과 전례운동에 많은 수의 베네딕토수도회 회원들이 참여했지요. 베네딕토 성인이 설립한 수도원이 오늘날의 교회를 위해 수행해야 할 과제는 무엇이라 생각하십니까?

베네딕토수도회 회원들은 19, 20세기에 있었던 전례운동에 중요한 역할을 했는데, 이것은 제2차 바티칸공의회를 통해 전체 교회에 받아들여졌지요. 오늘날 베네딕토수도회 회원들이 수행해야 할 과제는 다른 영역에 있다고 생각합니다. 무엇보다 먼저 공동체 안에서의 삶이 과제가 될 것 같습니다. 교회 안에 존재하는 큰 문제 중 하나는, 일반 사회에도 마찬가집니다만, 대화를 제대로 해 나갈 수 없는 것과 공정하게 행동할 수 없는 것이 아닐까 합니다. 교회의 보수적인 단체들과 진보적인 단체들이 서로를 이해하고 이해시킬 수 있는 언어를 더이상 공유하지 못하고 있습니다. 각자 자신의 이데올로기를 구축하여 경직될 우려가 있지요.

베네딕토 영성은 초대교회에 대한 그리움, 예수 그리스도의 정신 안에서 함께 살아가는 것에 대한 그리움으로 특징지어집니다. 그런데 이러한 것은 서로에 대한 경외심을 기르고 대화를 해 나갈 좋은 자세를 익히는 것으로 구체적인 실현이 가능해야 합니다. 어우러져서 함께 살아가면 특정 이념 뒤에 숨어들 수가 없습니다. 자신의 본모습을 드러낼 수밖에 없기 때문이지요. 그리고 서로에 대해 그리고 자기 자신에 대해 자비심으로 대할 때에만 함께 살아갈 수 있다는 것을 느끼지요.

베네딕토수도회 회원들이 수행해야 할 두 번째 과제는 초기수도회와 교부들의 영성을 우리 시대에 적용할 수 있도록 번역해야 하고, 경직된 윤리규정을 앞세우는 경향을 거슬러 구원의 길로 나아가도록 안내하는 영성을 선포해야 합니다. 달리 말하자면, 하느님을 체험할 수 있도록 안내하는 영성과 자기 자신을 진지하게 만날 수 있도록 초대하는 영성을 제시해야 합니다. 베네딕토 성인은 하느님을 찾는 것을 자기 영성의 중심에 두었습니다. 우리가 수행해야 할 과제는 하느님께 대한 이런저런 말로 사람들을 기만할 것이 아니라, 우리 사회 안에 하느님께 대한 질문이 활발하게 유지되도록 하는 것으로 생각합니다.

베네딕토수도회 영성은 땅에 뿌리를 내린 영성이어서 이 세상을 진지하게 받아들입니다. 이 영성은 구체적인 모습을 갖추고 있어서 다른 사람들이 볼 수 있고 체험할 수 있지요. 이 영성은 현실을 조금도 변화시켜내지 못하는 사변적 이상으로 형성된 영적 체계들과 다르다고 할 수 있습니다. 우리의 영성이 이 세상 안에 진지하게 육화되지 않으면 자신의 의미를 상실하고 맙니다.

영성은 권위를 지닌 구루와 같은 교회 밖의 영역과도 관계합니다. 참된 영적 "스승"으로 판단할 시금석은 무엇인가요? 영성과 관련된 것이 이데올로기로 변질되는 경우는 없는가요?

참된 영적 스승은 뒤로 물러납니다. 그는 자신의 주변에 제자들을 모아들이지 않습니다. 오늘날 자신을 어느 특정한 스승의 제자라고 소개하는 것이 보편적인 경향이 되어 버렸어요. 저는 이러한 사람을 수상하게 여깁니다. 참된 영적 스승은 사람들을 지도하고 돕습니다. 그러나 그는 자신에게 찾아오는 사람들을 붙들어 두지 않지요. 자신의 집단을 만들지 않지요. 자신의 길을 걸어갑니다. 그가 가는 길을 함께 걸어가고 싶은 사람은 그를 잠시 따라갈 수는 있어요.

저는 오늘날 영적 지도에 세 가지 큰 위험이 있음을 봅니다. 하나는 자연스럽게 발생

하는 의존입니다. 누군가가 자신을 이끌어 줄 때에만 영적 길을 걸어갈 수 있다고 말하는 사람들이 있습니다. 두 번째 위험은 영적 사항을 남용하는 것입니다. 구루는 자신의 제자가 필요한 것이 무엇인가를 정확하게 알고 있다고 말합니다. 그 제자가 자신을 따르지 않으면, 그가 어디로 가고 있는지 이미 알고 있다면서 그에게 겁을 주지요. 어떤 사람이 자신을 찾아온 사람을 자신에게 묶어 두기 위해 하느님을 사용하거나, 고유한 사신의 길을 가기가 두려워하도록 하

느님을 사용할 경우가 바로 영적 남용이 됩니다. 이런 사례들은 성추행으로 인해 감정의 혼란에 빠지는 것과 같은 잘못을 범하게 하는 것이 되지요.

세 번째 위험은 이데올로기가 되는 것인데, 이런 것은 모든 방향의 영성에 가능합니다. 예를 들자면 어떤 갈등을 제대로 처리하지 못하는 무능함을 쉽게 십자가를 지고 예수님을 따르는 것으로 이데올로기화하는 것이지요. 보편적인 신앙생활을 무시하고 자기 멋대로의 방식으로 살면서 교회의 미사에 충실한 일반 사람보다 훨씬 높은 위치에 있는 것으로 여기는 것도 여기에 해당합니다. 자신의 생각을 성령으로부터 받은 것으로 남용하는 것도 여기에 속합니다.

이전 어느 때보다 더 절실히 필요한 것은 영적 분별 Unterscheidung der Geister 입니다. 저는 베네딕토수도회 회원으로서 공동체 안에서 살아가는 것을 기쁘게 생각합니다. 사람들과 함께 구체적인 삶을 살고자 하는 사람은 이데올로기들을 사용할 수 없어요. 이데올로기를 주장하는 사람은 어느 한 공동체 안에서 견뎌 낼 수 없습니다.

4
작가로서의 안셀름 그륀 :
저술 작업과 몸의 언어에 대하여

신부님께서 글을 쓰시는 동기는 무엇인가요?

내가 처음 쓴 책은 이미 앞에서 말씀드린 바 있는 칼 라너의 구원관에 대해 당시의 신학적 관점으로 고찰한 박사학위 논문입니다. 그러나 그런 박사학위 논문을 읽을 사람은 많지 않습니다. 글을 쓰게 된 직접적인 동기는 우리 수도원에서 있었던 회의였습니다. 1975년에 그라프 뒤르그크하임 Graf Dürckheim 을 통해 알게 된 몇몇 심리학자들과 함께 우리 수도회 회원들이 "수도생활의 기도"라는 테마로 첫 번째 회의를 가진 적이 있습니다. 독일의 유명한 심리학자 한 분이 일본으로부터 돌아온 후 심리치료를 위한 집을 지었는데, 그곳은 묵상을 위한 집이 되었습니다. 그는 이 집을 슈바르츠발트 Schwarzbald 지역에 있는 작은 마을인 뤼테 Rütte 에 지었어요. 여기서 날마다 아침저녁으로 공개적으로 일본식 묵상방법인 소위 선 명상을 개최했지요.

시간이 흐르면서 그라프 뒤르그크하임이 자신의 주변에 의사이자 심리학자인 마리아 히피우스Maria Hippius를 비롯한 여러 동지들을 모았습니다. 이들은 아이키도Aikido, 그림 그리기, 도자기 만들기와 같은 다양한 방법으로 묵상을 했습니다.

신부님의 수도원에서 있었던 회의로 돌아가면 좋겠습니다만.

우리 수도원의 회의에서 초기 수도생활에서 했던 기도와 묵상에서 체험한 내용에 대한 흥미진진한 대화가 있었습니다. 우리는 이것을 동방정교회의 묵상방법이나 융의 심리학을 통한 체험들과 비교해 보았어요. 이후 사막 교부들의 유산이라는 주제로 여러 해에 걸쳐 지속적인 의견교환이 시작되었지요. 우리는 선-묵상과 융의 심리학을 통한 체험들을 우리 수도생활에 도움이 되도록 하자고 했습니다.

피델리스Fidelis 아빠스께서 당시 저에게 "마음의 순결Reinheit des Herzens"이라는 테마로 강의를 요청했습니다. 하여 이와 관련된 수도생활의 문헌들을 읽으며 강의 준비를 했지요. 준비가 잘 되었기에 베네딕토수도회 잡지인 『유산과 과제』에 원고를 보냈습니다. 그러자 이어서 카프케출판사Kaffke-Verlag에서 이 원고를 좀 더 보강하여 출판하면 좋겠다는 제의를 해 왔어요. 수도자들을 위해 작업한 "겸손과 하느님 체험"이라는 강의 원고에 대해서도 같은 제의가 있었습니다.

1976년에 또 하나의 다른 회합을 위해 "기도와 자아인식"이라는 테마로 작업을 했는데, 당시 원장이었던 피델리스 루페르트 신부님 P. Fidelis Ruppert이 오셔서 소책자로 출판하자고 해 동의했습니다. 이것이 우리 수도원에서 발행하는 소책자 총서 Münsterschwarzache Kleinschriften 의 시작이 되었지요. 우리는 일반인들도 초기 수도생활의 영성을 높이 평가하는 것을 감지하여 이것을 융의 심리학으로 우리 시대를 위해 다시 펼치는 작업을 시도했습니다. 이러한 일들과 우리 수도원에서 주최하는 피정에 참여하는 사람들과의 대화가 글을 쓰게 한 중요한 동기입니다.

당시 신부님이 글을 쓰도록 용기를 주신 분이 있나요?

몇 권의 책을 낸 초기에 수도회 형제들이 많은 용기를 주었지요. 다섯 번째의 책을 출판하고 나자 그들은 이제 충분히 썼다는 의견을 내더군요. 그 뒤에는 언제나 나의 내면에서 글을 쓰도록 했어요. 이러저러한 주제로 내적 작업하는 것을 좋아했습니다.

이러한 영역에서 신부님께 가장 큰 영향이나 영감을 준 사람은 누구인가요?

영향을 준 분들은 무엇보다 초기 교회 수도자들의 책입니다. 저는 폰티쿠스의 에바그리우스 Evagrius Ponticus 를 수도자들 중에서 가장 뛰어난 저술가로 여기는데 그로부터 가장 많은 영감을 받았어요. 사막의 교부들이 남긴 교훈들을 정리하여 남겨준 포이멘으로부터도 많은 영감을 받았고, 교부들의 금언집 Apophthegmata patrum, Vätersprüche 에 수록된 수도자 교부들로부터도 많은 영감을 받았습니다. 때로는 나의 강의를 들으러 온 이들로부터도 영감을 받습니다. 제가 성경 말씀에 대해 강론을 할 때, 중요한 부분을 잘 이해할 수 있도록 그리고 그 말씀이 청자들에게 말을 걸어오는 것처럼 느끼도록 해 달라는 요청을 종종 받곤 했습니다.

쓰신 글들을 출판하기 전에 신부님은 다시 읽으시나요? 예를 들어 피정지도 원고로 사용하시면서 말입니다.

앞에서 말씀드린 대로 초기의 소책자들은 강의 원고들이었습니다. 처음에는 피정지도를 위한 강의 원고를 먼저 작성했고 그다음에 그 원고를 보충하여 소책자로 출판했어요. 나중에는 순서가 뒤바뀌었지요. 어느 한 주제에 대해 강한 흥미를 느낄 때, 그 주제에 대해 떠오르는 생각들을 일정한 형식에 따라 정리를 했습니다. 복잡하게 생각할 것 없이 앉아서 글을 쓰기 시작하는 것이지요. 쓰는 과정에서 관련된 여러 가지 다른 생각들도 떠오릅니다. 그리고 도서관에서 시작한 글 주제와 관련된 문헌들을 찾아보고 보충합니다. 글쓰기가 완료되면 일정기간 책상에 그냥 놓아 둡니다. 영적지도를 하며 써 놓은 글들이 영향을 미치기도 하고, 또 그 글들에 대해 생각하게도 됩니다. 그러면서 관련 주제에 대해 새로운 생각들이 떠오릅니다. 이러한 방식으로 사람들과의 대화와 토론 그리고 개인적인 묵상을 통해 글을 보완하여 책으로 출판합니다. 강의 원고로 삼는 것은 대부분 책으로 완성한 후에 하게 되었습니다.

신부님은 대단히 다양한 주제들과 넓은 영역의 영적 삶에 대해 책들을 저술하셨습니다. 문외한에 속하는 사람의 입장에서 볼 때, 신부님께서는 모든 것에 대해

글을 쓰신다는 인상을 받습니다. 산만하게 보일 위험도 있는 저술 작업을 계속하는 이유는 무엇인가요?

처음 저술 작업을 하던 몇 해 동안, 다양한 주제들에 대해 많은 생각들이 떠올랐습니다. 피정지도를 하거나 영적 지도를 할 때 제게 많이 와닿은 생각들로 사람들이 가진 의문들을 좀 더 잘 해결할 수 있도록 돕고 싶었습니다. 그러면서 많은 수의 강의를 지속적으로 했습니다. 강의를 한 후 사람들이 던진 질문에 올바른 대답을 하려고 애를 썼는데, 시간이 지나면서 내가 종종 적합한 대답을 주지 못하기도 했다는 것을 느끼게 되었지요. 그러면서 읽고 쓰는 작업을 통해 좀 더 나은 대답을 해야겠다는 마음을 먹었습니다. 특히 영적 삶과 전례 생활과 같은 주요 주제들에 대해서 사람들에게 직접 감동을 주고 내적 여정에 지속적인 도움이 되는 글을 쓰는 것이었습니다.

다양한 사람들에게 영적 지도를 하면서 많은 사람들이 같은 문제를 안고 있는 것을 알게 되고, 그것에 대해 제시하는 대답이 그들에게 도움이 되는 것도 알게 됩니다. 그런 문제에 대해 좀 더 집중합니다.

때로는 저를 방문한 이가 "신부님, 소망에 대해 책을 써 주시면 좋겠습니다"라며 청을 직접 하는 경우도 있습니다. 쉽게 되는 일이 아니란 대답을 하긴 합니다만, 일정한 시간이 흐르고 나면 그 주제로 돌아오게 되어 결국 글을 쓰게 됩니다. 그동안 쓴 책들은 사람들의 질문에 답하고 대화를 하는 여정이기도 합니다.

요즈음에 출판사 책임자들이 주제들을 제의해 오는 경우가 자주 있습니다. 현실적으로 사람들이 어떤 갈망과 동경을 갖고 있는지 그들은 잘 알고 있지요. 일반인들의 문제들에 매우 가까이 있기 때문입니다. 그런 제안이 올 때 어떤 주제가 내면에 말을 걸어오는지 귀를 기울여 봅니다. 그 주제 안으로 빠져들고 싶고 흥미를 가지면 바로 앉아 글을 쓰기 시작합니다. 쓰는 도중에 그것이 책으로 출판할 만한 것이 되는지 어떤지 인지하게 됩니다.

신부님께서 특별히 중요하게 생각하는 핵심적인 주제가 있나요?

가장 핵심적인 주제는 기도와 묵상, 내면의 고요한 공간에 대한 체험인데, 이 공간에 바로 온전하고 건강한 우리 자신과 하느님께서 친히 거주하십니다. 또 우리의 생각과 느낌, 그림자, 두려움과 욕구도 핵심적인 주제들입니다. 치유와 구원도 매우 중요한 주제입니다. 어디서 나의 상처들을 치유할 수 있을까요?

신부님의 박사학위 논문에서 강조한 원초적인 주제는 구원에 관한 것이었습니다.

이 주제는 30년이 넘도록 언제나 나의 신학적·심리학적 작업에 영향을 미치고 있습니다. 오늘날 저는 구원을 치유와 해방으로 서술하기를 선호합니다.

신부님이 하신 작업에 베네딕토수도회 영성이 미친 영향은 어느 정도인가요?

이 주제는 지금껏 해 온 모든 일의 기본바탕입니다만, 베네딕토 성인이 저술하신 수도규칙보다는 수도자들의 아버지들이 남긴 작품을 많이 참조합니다. 베네딕토 성인도 그들의 영향을 많이 받았지요. 또한 저희 수도규칙과 수도규칙이 담고 있는 내용을 구체적인 체험을 바탕으로 서술하려고 합니다. 나에게 모든 신학은 언제나 체험의 표현이기 때문입니다. 특히 베네딕토 성인이 자기 자신과 하느님을 어떻게 체험했는가 하는 것과 성인이 자신의 수도자들과 어떻게 경험했으며, 일상생활에서 발생하는 갈등을 어떻게 처리해 나갔는가 하는 것이 큰 관심사입니다. 베네딕토수도회 영성은 기도와 묵상, 영적지도와 교육, 사람들과의 교제 그리고 전례생활에 대해 글을 쓰는 데에 깊은 영향을 주고 있습니다.

지난 여러 해 동안, 신부님은 체코에서도 대단히 많은 독자를 확보한 저자들 중에 한 분이셨습니다. 약간 과장된 말일 수도 있습니다만, 신부님의 책들은 베스트셀러 영성서적입니다. 인기가 너무 많으면 유혹들이 밀려올 수 있습니다. 신부님께서도 이런저런 유혹에 시달리신 적이 있나요?

나의 책들이 매우 많이 읽히는 것에 당연히 참으로 감사하고 있습니다. 그러나 수도원에서 검소하고 소박한 삶을 살고 있고 날마다 진행되는 일들을 - 특히 경제적인 문제들을 관리하는 일들 - 수행하고 있지요. 특정한 그룹들이 '구루'를 필요로 하고 저로 하여금 그런 역할 수행을 기대한다면 큰일입니다. 또 다른 위협은 그 책들이 몇 년 지나 보관창고에 쌓일 수도 있다는 것입니다. 그저 소명에 충실하여 계속해서 작업해 나가는 것을 중요하게 여길 뿐입니다.

신부님의 글을 읽는 독자들이 많은 현상과 그 독자들 중에 젊은 사람이 대단히 많다는 것에 대해 어떻게 생각하십니까?

젊은 사람들로부터 자주 듣는 말은 내가 쓴 책에서 깊은 어떤 부분을 감지한다는 것입니다. 이 독자들이 자신의 삶을 수월하게 해 줄 어떤 것을 동경하고 있다고 생각합니다. 이들은 또한 그 동경이 심리학적인 방법으로만 도달할 수 없다는 것도 알고 있습니다. 몇몇 젊은 이들은 저의 책에서 사랑의 흔적을 발견했다고 힘주어 말합니다. 이들은 때때로 찾아와서 책의 내용들이 자신의 내적 느낌과 일치한다고 말합니다.

시간이 경과하면서 같은 내용을 되풀이하게 되고 마침내 글의 깊이가 사라질 수도 있다는 것에 대해서 신부님은 염려하지는 않나요?

나는 결코 많은 글을 쓰는 사람이 되고 싶지 않습니다. 그리고 쓴 책들이 깊이를 잃을까 봐 노심초사합니다. 그래서 다른 책을 써 달라고 부탁해 오는 많은 출판사들의 청을 거절합니다. 어떤 한 주제에 대해 참된 영감을 갖는지 아닌지를 분간하는 저의 식별 느낌을 신뢰합니다. 그러므로 이미 한 번 다룬 주제들에 대해 다시 쓰는 것을 원치 않습니다. 물론 같은 말과 같은 주제를 되풀이하는 경우도 있지요. 자신의 내면세계에 귀를 기울이고 그 길을 계속 가기 위한 시간이 언제나 더 필요하다는 느낌을 이미 갖고 있습니다. 글 쓰는 작업으로 지체하거나 늘 같은 대답을 되풀이하게 해서는 안 됩니다. 쓰는 작업은 생기 있어야 하고 새로운 통찰을 줄 때에만 의미가 있습니다.

그래서 나의 느낌에 섬세하게 귀를 기울입니다. 만약 글을 쓰도록 압박해야 하거나 너무 많은 수고를 해야만 한다면, 이 일을 계속하는 것은 옳지 못합니다. 나는 어떤 압박에 의해 억지로 글을 쓰지 않습니다. 다만 내면에서 쓰기를 요청할 때에만 씁니다. 그래서 먼저 단순히 침묵하고 기다립니다. 그러다가 안에서 글로 기록되기를 원하는 새로운 어떤 것이 커지면 글을 씁니다.

중요한 것은 이미 영성서적들에 기록되어 있다는 느낌을 가끔 가질 때가 있지 않나요?

한 권의 책 저술을 끝낼 때마다 더이상 할 말이 없다는 느낌을 당연히 가집니다. 그러나 그때마다 다른 주제가 또 떠올라 말을 걸어옵니다. 물론 이미 모든 것에 다른 영성서적들에 언급된 것은 사실입니다. 그런데 같은 진리를 다르게 관찰할 수 있는 창문의 수가 많은 것도 사실입니다. 책마다 이와 같은 창문이 될 수 있습니다. 이들을 통해 결국 같은 풍경과 같은 신비를 바라보는 것이지요. 사람들이 나에 대해 "이 사람은 많은 글을 쓰지만 언제나 같은 것을 쓰는 사람이다"라고 말하는 경우가 오지 않기를 바랍니다. 그때가 오기 전에 제가 글쓰기를 그만두는 것이 낫겠습니다.

신부님은 수도원에서 하는 그 많은 일과 책을 쓰는 일을 지속적으로 조화롭게 하시는 것으로 신부님의 영적 삶을 살고 계십니다. 지치지도 않고 어떻게 그렇게 해내십니까?

시간을 잘 활용하는 것이 매우 중요하지요. 앞에서 이미 수도원 관리에 초과 근무를 하지 않는다는 말씀을 드렸습니다. 매주 여섯 시간은 글을 쓰기 위한 시간입니다. 아예 정해 두었습니다. 화요일과 목요일 아침 여섯 시에서 여덟 시까지 그리고 한 주에 한 번 저녁 시간, 여덟 시에서 열 시까지 글을 씁니다. 이것으로 충분합니다. 강의와 피정지도에 있어서도 정확한 규칙을 정해 두고 있습니다. 즉 한 주에 단 한 번 저녁 시간에 강의를 하고 연수나 피정지도는 오직 주말에만 합니다. 주중에는 관리하는 일과 피정의 집을 위한 일을 합니다. 이 한계를 섬세하게 지켜가야 할 필요성을 감지하고 있습니다. 제의를 더 받아들이고 싶은 유혹을 잘 알고 있고 이미 여러 차례 넘어간 경우도 있습니다.

약 6년 전에 신부님은 심하게 앓은 적이 있습니다. 이러한 시련을 통해 신부님 자신에 대한 새로운 사실을 알게 된 것이 있나요?

중병은 아니었어요. 어떤 피정을 지도한 후 피정에서 무슨 말을 했는지, 또 그날 어떻게 지냈는지 제대로 알지 못했지요. 음악과 관련된 피정 일을 도우러 온 수녀님이 제가 평소와는 다르다는 것을 감지했습니다. 수녀님이 아빠스께 이 사실을 알리자 즉시 병원으로 가는 것이 좋겠다고 했습니다. 의사는 갑상선 기능이 상당히 항진되었다는 것을 알아냈습니다. 바로 수술할 수도 없을 지경이어서 2주나 기다려야만 했어요. 그 이후 지금껏 건강을 잘 유지하고 있습니다. 물론 그때의 발병은 자신의 한계를 잘 지키고 있는지 주의 깊게 살피라는 중요한 계기로 작용되었어요. 당시엔 일을 지나치게 많이 한다는 생각을 한 것은 아니었는데, 몸은 그렇지 않다는 것을 알려 주었던 것이지요. 그 이후로 몸의 소리에 귀를 기울이려 노력합니다. 우리 수도원 형제들은 내가 쓴 『영적 과제로서의 건강』이란 책을 입원실로 보내 주었어요. 책을 받고는 화가 나기도 했지만 결국 심장 뛰는 소리를 더 섬세하게 들으라는 것으로 느꼈지요.

그러한 몸의 반응이 우리에게 하고자 하는 말은 무엇인가요? 우리가 그것을 언제 감지할 수 있으며 어떻게 해석해야 하나요?

긴장이죠. 긴장하고 있다면 몸은 지금 상태가 좋지 않다는 말을 하는 것입니다. 어깨와 등이 뻐근한 것은 감정들을 억압하고 있음을 알려 주려는 것입니다. 우리 몸의 반응은 소홀히 하고 있는 것을 생각하도록 하므로 신체의 상태에 대해 감사해야 합니다. 질병 그 자체의 현상보다는 질병이 말하고자 하는 의미에 대해 더 관심을 가져야 하지요. 질병은 언제나 일정한 메시지를 갖고 있기에, 일의 새로운 기준을 마련하든지, 아니면 표면적인 행위들로부터 - 경우에 따라서는 내가 성취한 것으로부터도 - 벗어나 영혼 깊은 곳으로 나아가도록 합니다.

신부님이 저술한 책들이 부메랑이 되어 신부님으로 하여금 어떤 중요한 것에 대해 주의를 기울이도록 한 적도 더러 있나요?

개인적으로 고심하던 문제들에 관한 것이 여러 책들에 담겨 있슴니다. 때로는 상당히 심각하게 고민하던 문제에 관한 것입니다. 건강도 그러한 주제임이 틀림없습니다. 내 스스로 아팠을 때 건강에 관한 문제에 사로잡히게 되지요. 수술을 기다리던 시간을 『죽음에서 벗어나온 삶Leben aus dem Tod 』이란 소책자를 쓰는 데에 활용했습니다.

그것은 수술을 앞둔 상황에서는 결코 즐거운 주제가 못 되는 것이군요.

마치 이 주제에 대해 글을 쓰라고 병원의 분위기가 조성된 것처럼 와닿았습니다. 마침 몇 해 전, 친구들이 이 주제에 대해 책을 써 보라고 주문을 했지만 그 당시엔 동기가 없었습니다. 이와 비슷한 다른 주제는 "사람을 인도하자 - 삶을 일깨우자Menschen führen - Leben wecken"입니다. 나의 소임이 사람들을 동반하는 과제를 가졌기 때문에 이 주제에 대해서는 긴 시간 관심을 두지 않았습니다. 이상적인 방법으로만 동행할 수는 없을 것이라는 자의식이 있었기 때문이었지요. 그러다가 다임러-크라이슬러Daimler-Chrysler 라는 기업에 지도력에 관한 연수를 하게 되었을 때 이 문제에 대해 글을 쓸 용기를 냈습니다. 오늘날 내가 쓴 글대로 언제나 일치하는 삶을 살지는 못하고 있다는 생각이지만 이것은 제게 큰 도전이 됩니다.

신부님은 책을 출판하기 전에 보충하고 교정하는 일에 신경을 많이 쓰시나요? 아니면 자신이 쓴 글은 읽지 않으시는 편인가요?

어떤 책을 다 쓴 뒤에 작업에 만족한 적은 없습니다. 어떤 것은 좀 더 잘 구성할 수도 있을 것 같았고 어떤 것은 좀 더 쓸 것이 있는 것은 아닌가 하는 느낌을 가집니다. 그러나 충분히 교정하여 원고를 출판사에 보내고 나면 손에서 놓아 버립니다. 그러고 나면 원고 검토를 더 하고 싶은 마음은 갖지 않습니다. 이미 쓴 글에 대한 불만이 클 경우에는 다른 기회에 관련 주제를 새롭게 작업하여 더 나은 상태로 제시하기도 합니다. 재판이 나올 책에 그런 곳이 있다면 그 기회에 보완할 경우도 있어요. 재판은 거의 같은 내용입니다만, 오타는 반드시 고쳐야 합니다.

지금까지 관심을 갖지 않은 주제에 대해서도 글을 쓰실 계획이 있나요?

책을 쓰기 위해 오랜 시간 계획하지도 또 어떤 책을 더 쓸 것인가에 대한 아이디어도 없습니다. 지난 몇 달 동안 네 복음서에 대해 글을 썼습니다. 바오로와 베드로 사도의 편지들 중 일부도 구원과 치유를 체험할 길잡이로 잘 활용할 수 있도록 해설하고 싶은 마음도 큽니다. 그러나 나는 성서 주석가가 아니어서 매우 추상적인 언어로 표현한 신학적인 내용들을 영성적 언어로 번역하는 것이 상당히 어렵다는 것을 압니다. 현대의 심리학을 바탕으로 사도들의 서간을 해설하는 작업과 여러 종교들과 그 종교의 신비적 전통과 대화를 안내하는 일에 상당한 흥미를 갖고 있습니다. 하느님을 체험할 수 있도록 훌륭하게 안내하는 성경은 이 세상의 본질적인 실제 모습과 하느님의 신비를 볼 수 있도록 우리의 눈을 열어 줍니다. 하느님께서는 세상과 사람의 마음속에 언제나 계시지만 우리의 인식과 체험의 능력 밖에 계시고 호기심 많은 우리의 눈길에 잡히지 않도록 자신을 감추십니다.

신부님은 어떤 사람이 쓴 영성서적을 즐겨 읽나요? 오늘날 현존하는 저자 중에서 신부님께 특별히 와닿는 분은 누구인가요?

헨리 나웬Henri Nouwen 의 책을 즐겨 반복해 읽습니다. 그분은 영적으로나 개인적으로나 저와 가장 가까운 분입니다. 또한 리카드 로르Richard Rohr, 존 샌포드John Sanford, 토마스 머튼Thomas Merton 그리고 가브리엘 붕Gabriel Bunge 의 책도 즐겨 읽습니다. 그리고 영적 삶과 신비 생활에서 뛰어났던 성인의 책들을 즐겨 다시 읽습니다. 예를 들자면 아빌라의 데레사Teresa von Avila, 십자가의 성 요한Johannes von Kreuz, 에바그리우스 폰티쿠스Evagrius Ponticus, 요한 카시안Johannes Cassian, 요한 클리마쿠스Johannes Climacus, 아우구스티누스Augustinus, 니사의 그레고리오Gregor von Nyssa, 마이스터 엑카르트Meister Eckhart, 쿠스의 니콜라오Nikolaus von Kues 와 같은 분들입니다.

또한 심리학책들도 많이 읽습니다. 융C. G. Jung 이 저술한 책을 모두 읽었고, 페터 쉴렌바움Peter Schellenbaum, 존 브레드쇼John Bradshaw 그리고 켄 윌버Ken Wilber 의 책을 많이 읽었어요. 신비적 체험을 오늘날의 심리학과 연결시키려는 자아초월심리학die transpersonale Psychologie 에 대해 깊은 관심을 가지고 있는데 신비에 관한 문헌을 새로운 방법으로 이해하고 해설하는 데에 영감을 받습니다.

5
침묵, 내적 여정 그리고 하느님

기도, 느낌 그리고 내면의 보물창고에 대하여

신부님의 책에서 열쇠가 되는 주제 중 하나가 기도입니다. 그러나 기도에 대해서는 이미 많은 사람들이 글을 썼습니다. 이 주제에 대해 아직도 새로운 것을 말할 만한 어떤 것이 남아 있을까요?

기도는 누구에게나 관련된 주제입니다. 그렇기 때문에 이에 대해서는 새로운 책들이 다시 저술되어야 합니다. 기도와 관련해서 사람들은 늘 새로운 문제들을 다시 갖게 되기 때문입니다. 이런 실존적 주제들에 대해서는 새로운 언어로 다시 구성해야 합니다. 그래야 사람들이 기도에 대해 새로운 접근을 시도할 수 있기 때문이지요. 그렇다고 기도에 대해 내가 새로운 어떤 것을 말하려는 의도를 갖고 있는 것은 아닙니다. 그러나 구체적인 경험으로부터 출발하여 사람들에게 다가가 그들이 하는 기도와 현실적인 난관들에 도움을 주고자 노력합니다.

현대인들이 기도생활에 어려움이 많은 이유는 무엇인가요?

현대인이 가진 문제 중 하나가 기도할 시간을 내지 못하는 경우가 많다는 것은 틀림없는 사실이지요. 또 다른 문제는 많은 사람들이 기도에 대해 제대로 배우지 못한 것입니다. 그들은 기도하는 것을 말하는 것으로 생각합니다. 하느님께 언제나 무엇인가를 말해야 하는 것으로 생각하여 그렇게 하려 하지만 무슨 말로 하느님과 대화를 해야 할지 잘 모릅니다. 그렇다고 정형화된 기도문은 와닿지 않아 소용이 없지요. 또한 이들은 자신의 내면에서 움직이는 어떤 것을 언어로 표현할 상황에 있지도 않습니다.

하느님과의 참된 관계를 맺고자 하는 사람들의 바람에 어려움이 있는 것은 요즈음 사람들이 그 이전 세대보다 더 크다는 것은 아닌지요?

이전 사람들에게는 하느님과의 관계 안에 살아간다는 것은 두말할 것도 없이 당연한 것이었습니다. 물론 모든 신도들이 하느님과 개인적인 관계를 가졌던 것은 아니지요. 오늘날에는 하느님과 개별적으로 친밀한 관계를 갖고 그것을 더 돈독히 하는 일이 훨씬 어려워진 것은 확실합니다. 우리를 든든히 받쳐 주는 건강한 전통이 결여되어 있기 때문에 혼자서 노력해 가야 하니 말입니다.

신부님이 쓴 책에서 하느님과의 관계개선을 위해 어떤 도구를 제시하십니까? 마

음을 열고 하느님께 좀 더 다가가기 위해서 가장 시급한 것이 무엇인가요?

하느님과의 관계맺음은 자기 자신과 관계를 할 능력을 지닐 때 비로소 가능한 일입니다. 많은 사람들이 하느님을 체험하지 못하는데, 이들은 되어야 할 자기 자신이 되지 못하기 때문에 그렇다고 봅니다. 이들은 하느님 곁에 있기를 동경하지만 자기 자신으로부터는 대단히 멀리 떨어져 있습니다. 어떻게 하면 이런 이들이 올바른 관계를 맺도록 도울 수 있을까요? 가장 먼저 전제될 것은 고요함입니다. 고요함을 유지하는 가운데 나의 생각과 소망들을 알아차려야 합니다. 그런 다음 그것을 하느님 앞에 내놓을 수 있어야 합니다. 이 과정에서 다양한 종류의 묵상 방법들이 도움이 될 수 있습니다. 전례도 도움이 될 수 있는데, 전례가 우리 마음에 말을 걸어올 수 있기 때문입니다. 더 나아가 또 중요한 것은 무엇인가 성취해야만 한다는 압박감으로부터 해방되는 것입니다. 앞서 말씀드린 대로 많은 이들이 하느님께 끊임없이 무엇인가를 말씀드려야 하고 동시에 하느님으로부터 명백한 대답을 들어야만 하는 것으로 생각합니다. 그러나 하느님 앞에 고요히 앉아서 자신이 지금 체험하고 있는 것을 내놓는 것으로 충분할 때가 많습니다. 이런 태도는 영혼에게 유익하고 자기 자신을 있는 그대로 체험하도록 합니다. 또한 고요함 가운데 일정한 영성적 글귀에 대해 곰곰이 생각하는 것도 좋습니다. 예를 들자면 시편 한 구절에 대해 묵상하면서 그 구절 뒤에 어떤 체험이 숨어 있는지 헤아려 봄과 같은 것입니다.

우리가 기도를 위해 특정한 장소를 선택하는 것은 어떤 역할을 합니까?

이론적으로는 어디에서나 기도할 수 있지요. 시내버스 속이나 교통체증 속에서도 기도할 수 있는 사람들도 있습니다. 그러나 기도하기 위해 고요한 장소로 물러나는 것이 효과적인 것은 분명합니다. 성당은 기도하기에 좋은 장소입니다. 저는 성당에 들어가 앉아 있으면 거룩한 장소에 와 있음과, 구원과 사랑하시는 하느님의 현존으로 둘러싸이는 느낌을 받습니다. 감실 앞에 있을 때, 그리스도와 함께 있으니 그분이 저를 바라보시고 내 안에 있는 것을 그대로 그분께 내어 드리는 느낌을 가지지요. 수도원의 내 방 한쪽에 있는 묵상 공간은 내게 소중합니다. 이곳에 앉아서 촛불을 하나 켭니다. 그러면 다른 세계로 빠져들게 되고 일상생활의 문제들로부터 방해를 받지 않지요.

기도는 자주 하느님과 나누는 인간적인 대화와 비교되곤 했습니다. 그런데 신부님은 기도를 만남으로 보았지요. 만남을 중요하게 생각하는 특별한 이유라도 있나요?

기도가 하느님과의 대화라고 보는 것을 어려워하는 많은 사람들이 있습니다. 하느님을 볼 수도 없고 들을 수도 없기 때문입니다. 그래서 질문을 하고 대답을 들으면서 오가는 그런 대화로 보는 게 어렵습니다. 나는 만남을 어떤 전체적인 것으로 이해합니다. 하느님을 만나려면 몸과 영혼으로 된 자신을 있는 그대로 하느님께 내놓아야 합니다. 이런 만남이 사람을 변화시키지요. 만남은 순간적으로도 이루어질 수 있고, 대화 안에서나 침묵을 지키면서, 단지 그냥 함께 존재하는 가운데서도 될 수 있습니다. 때로는 그저 침묵하고 있는 것 자체만으로도 기도입니다. 침묵 중에도 만남이 이루어지니까요. 하느님과의 만남은, 만남 이전의 나와는 다른 존재가 되게 합니다.

신부님은 하느님을 만나고자 하는 사람은 먼저 자기 자신부터 만나야 한다고 말씀하셨습니다. 그렇다면 기도할 때에 먼저 우리 자신과 씨름을 해야 하나요?

내가 나 자신과 함께 있지 않으면 어떻게 하느님과 함께 있을 수 있겠어요? 카르타고의 치프리아누스 Cyprianus von Kartago 가 다음과 같은 말을 이미 한 적이 있습니다. "만약 네가 너 자신에게 귀를 기울이지 않는다면 하느님께서 네게 귀를 기울여 주시기를 어떻게 요청할 수 있겠는가?" 내가 나 자신과 함께 나의 집에 머물지 않는다면 하느님께서 그 집에서 어떻게 나를 만나실 수 있겠어요? 하느님을 만날 수 있기 위해서는 먼저 자기 자신의 내면을 만나야만 합니다. 기도는 신심행위를 빙자하여 '나 자신'으로부터 도망치는 것이 아니라 먼저 '나 자신에게 귀를 기울이는 것'이지요.

하느님을 지각할 수 없고 그분의 현존을 느낄 수도 없다고 호소하는 많은 사람들에게 언제나 다음과 같은 질문을 던집니다. "그렇다면 당신 자신에 대해서는 자각합니까?" 우리는 자신을 만나지 못하게 되면 하느님을 체험할 능력이 없습니다. 하느님을 참으로 만나려면 내 안의 모든 것을 하느님 앞에 내놓을 때 비로소 가능합니다. 머리로만 기도하게 되면 하느님을 고찰만 할 뿐이지 그분을 참으로 만나지는 못합니다. 달리 말하자면, 하느님과의 만남에서조차 뒤로 남겨둔 것은 기도에서도 그만큼 빠지게 되는 것이지요. 그리고 그보다 훨씬 더한 일이 일어날 수 있어요. 내가 내어 드리지 않은 것이 거꾸로 나를 엄습하여 하느님과 나와의 관계를 강화시키기는커녕 나에게 해를 입힐 수 있습니다.

기도라는 행위 안에서 하느님이 우리에게 요구하시는 본질적인 것은 무엇인가요? 우리의 자의식이 어떤 역할을 합니까?

하느님께서는 우리가 기도 안에서 당신을 만나기를 기다리십니다. 이것은 우리 안에 존재하는 모든 것을 하느님과의 관계 안으로 밀어넣을 때에만 비로소 이루어집니다. 기도가 반드시 신심 깊은 태도를 동반해야만 하지는 않습니다만 어떤 경우에도 기도는 진지해야 하지요. 구석구석에 있는 내 마음의 모든 것을 하느님께 내보여 드려야 합니다. 나의 모든 어두운 부분과 욕망, 마음의 언짢음과 고통, 필요한 것 그리고 아직 말씀드리지 못한 소망 등을 하느님 앞에 내어 놓아야 하지요. 내가 실질적인 삶에서 하는 모든 체험을 포함하여 나의 모든 삶을 하느님 앞에 펼쳐 놓아야 합니다. 기도할 때에는 내가 억압한 것이거나 나의 삶으로부터 밀쳐 냈던 것, 내가 결코 허용하지 않으려고 한 것을 꺼내 놓아야 합니다. 이러한 것들은 – 의식하지 않은 상태로 그렇게 했을 수도 있는데 – 자신에 대해 스스로가 만든 이상적인 표상을 왜곡시키기 때문이지요. 기도할 때에 나의 두려움이나 의혹조차도 있는 그대로 말씀드릴 수 있습니다.

우리의 자의식은 그 자체가 목적이 아니라 우리 안에 존재하는 모든 것과 더불어 하느님을 만나는 데에 도움이 될 수 있게 합니다. 하느님은 내가 지금까지 성장해 온 모든 과정을 있는 그대로 만나고자 하십니다. 하느님은 나의 마음과 그 마음에 존재하는 모든 것과 더불어 만나고자 하시지요. 그래야 하느님께서 나의 마음을 당신의 사랑으로 채우실 수 있습니다.

달리 말하자면 하느님을 만나기 위해서는 자기 자신의 죄를 잘 인식해야만 한다는 것이군요.

하느님께 진지하게 나아가면, 내가 내적으로 하느님으로부터 얼마나 멀리 떨어져 있었는가를 알게 되기도 합니다. 그리고 내가 어디서부터 하느님을 거슬러 죄를 저질렀는가를, 어디서부터 하느님을 향해 나 자신을 개방하지 않았는가를, 그리고 어디서 하느님을 소홀히 한 채 살았는가를 느끼게 됩니다. 에바그리우스 폰티쿠스 Evagrius Ponticus 는 자신의 잘못을 인지하지 못하는 기도는 참된 기도가 아니라고도 했지요. 자신의 죄를 일부러 찾을 필요는 없습니다. 참된 기도 안에서는 저절로 떠오르기 때문입니다. 기도는 말하자면 자신의 보호막을 완전히 벗어던진 채 하느님 앞에 서는 장소입니다. 무엇보다 미리 형식을 갖춘 것이 아닌 기도를 바칠 때 그러하지요. 그럴 때 하느님 앞에서 자신의 죄를 인식하게 됩니다. 그럴 때 치유가 일어납니다. 기도 안에서 나의 죄와 더불어 하느님으로부터 받아들여졌다는 것을 인식할 때 비로소 나의 죄 앞에 설 수 있습니다.

기도는 우리가 의식하지 못한 어떤 것에 대해서도 우리에게 말할 수 있나요?

진지한 기도 중에 내적인 것들을 전부 말없이 하느님께 꺼내는 이들은 자신의 마음 상태가 어떤지 체험하게 됩니다. 그때 마음의 기쁨과 슬픔, 짜증과 시기심, 동경과 실망이 말을 건네 옵니다. 나의 모든 방어막을 내려놓고 하느님 앞에 서면 내면의 진실한 모습과 대면하게 됩니다. 또한 그때에 의식하지 못한 것도 나타납니다. 진지하게 기도할 때 오랫동안 스스로 억압한 것이 무의식 깊은 곳으로부터 떠오르지요. 기도는 내 영혼의 심연을 전부 환히 비춥니다.

신부님은 기도를 너무 심리학적으로 바라보고 있지는 않은지, 또 그럴 경우 기도에서 하느님이 아니라 오직 자기 자신만을 만날 뿐이라는 이의를 제기할 수도 있겠습니다만.

어떤 이들은 영적 삶을 심리적인 것으로 만들어 버렸다는 비난을 나에게 던지는 사람들도 있습니다. 초기의 수도자들은 이런 비판에 따른 두려움을 거의 의식하지 않았어요. 이들에게 기도는 언제나 자신의 참된 모습을 찾는 길이기도 하였지요. 기도는 자기 분석에만 국한된 것이 아닙니다. 그 이상이지요. 기도 안에서 나는 의식적으로 나의 주님이신 하느님 앞에 자신을 온전히 드러냅니다. 그리고 하느님 앞에서 내가 누구인지 인식합니다. 이때 나는 내 영혼을 보는 것이 아니라 하느님을 향해 시선을 돌립니다. 하느님 안에서 나는 거울을 보듯이 내 마음의 실제 모습과 무의식의 세계를 깊이 봅니다. 그리고 거기서 그냥 머물러 있는 것이 아니라, 다만 나의 내면을 인지

하지요. 나는 하느님의 사랑과 빛이 그 안으로 들어오도록 허락합니다. 그러면 내면이 밝아집니다.

자기 자신을 만난다는 것은 매우 곤란한 상태를 초래할 수도 있습니다. 자신도 모르고 있던 모든 것을 한꺼번에 갑자기 인식하는 경우가 발생할 수 있습니다. 그런 체험을 한 이는 용기를 잃고 심리학적 분석에만 머물게 되는 위험은 없을까요?

그런 면이 있는 것도 사실입니다. 자기 자신을 만나는 일은 종종 매우 불편한 것일 수 있어요. 특히 자신 안에 있는 많은 것을 억압하고 감추어 두었거나, 여태껏 자신의 어두운 부분을 결코 들여다보지 않았을 경우에 그러합니다. 기도는 용기를 잃지 않도록 해 줍니다. 자신 안에서만 맴돌지 않고 자비하신 하느님의 사랑을 바라보기 때문이지요. 물론 하느님을 바라보지 않고 자기 자신만을 바라보는 경우도 있을 위험도 있습니다. 그러나 기도는 언제나 자신의 상태에만 머물지 않고 그 상태를 하느님을 향해 들어올려 바치는 것을 의미하지요. 기도는 신뢰의 장소이기에 기도 중 편안하고 친밀한 자세로 있을 수 있고, 마음을 움직이게 하는 욕망을 말할 수 있어요. 자신에게도 숨겨 둔 것이니, 가장 친한 관계에 있는 이에게만 털어놓을 수 있는 것을 하느님께 온전히 말할 용기를 지닌다면, 우리의 삶은 깊어지고 진실하게 됩니다. 김빠진 듯 진부하거나 있으나마나 한 삶이 아니게 되지요. 생생하게 살아 있음을 느끼게 됩니다. 그렇게 되면 자신을 있는 그대로 보기가 두렵지 않습니다. 나를 둘러싼 두꺼운 보호막이 더이상 필요치 않아서 타인이 자신에게 더 다가오는 것을 허용하게 되지요.

자신의 잘못을 후회하고 뉘우치는 것과 용기를 잃는 것 사이에 어떤 차이가 있나요? 용기를 잃거나 우울증에 빠져들면 부정적인 태도와 의혹의 세계에서 헤어나지 못하지요. 이러한 것을 어떻게 구별할 수 있습니까?

수도자들은 비애와 슬픔을 구분합니다. 비애는 영적 삶에서 뒤처진 현상, 하느님으로부터 멀어진 것 같은 현상, 그리고 자신에 대해 스스로 만든 환상들에 애통해 하는 것으로서 영적 삶의 본질적인 요소입니다. 그러나 슬픔은 오직 나 자신에 대해서만 연민을 느끼는 것으로서 자신에게 집중되는 데서 오는 감정입니다. 슬픔은 삶에 대해 지나친 기대를 했거나 미숙하여 유아적인 바람들을 가진 것에서 발생하지요.

그렇다면 우울증은요?

우울은 대단히 중요한 주제입니다. 좌절, 과대한 기대, 삶의 위기와 같은 상황에 대한 반작용으로 우울증에 빠지는 경우가 있습니다. 성격적 기질에 의해 우울증에 빠져드는 경우도 있어요. 어떤 경우에는 오직 약물로만 치료가 가능합니다. 그러나 좌절, 과대한 기대, 삶의 위기와 같은 원인의 우울증은 이 우울이 주는 의미를 알아차리는 것이 중요합니다. 때로는 우울을 통해 내가 나의 삶을 스스로 장악하려고 하거나 나의 감정들을 스스로 통제하려고 하는 환상에서 벗어나야 한다는 것을 하느님께서 알려 주십니다. 그러므로 우울증을 통해 하느님께로 나아가는 것이 중요합니다. 우울한 기분은 우리를 깊은 곳으로 안내하여 영혼의 깊은 곳으로 들게 합니다. 거기서 우리는 하느님이 바로 그 깊은 곳의 근본적인 바탕이심을 인식하게 하지요. 비애나 삶의 위기가 내적으로 새로운 삶을 만들어 가는 것에 비해, 병적인 우울증은 인간을 마비시킵니다. 비애는 지나가는 과정 중의 하나이지만 우울증은 인간을 붙들어 매려고 합니다.

기도할 때 감지되는 자신의 신심을 어느 정도까지 신뢰해도 됩니까? 신심은 기도하는 데에 어떤 역할을 하나요?

기도할 때에 신심을 느낀다면 그것에 대해 감사해도 좋다는 것을 무엇보다 먼저 말하고 싶군요. 신심에 대해 전적으로 신뢰해도 좋습니다. 그러나 신심을 하느님과 혼돈해서는 안 됩니다. 하느님은 우리의 신심보다 더 깊은 내면에 계시지요. 그리고 기도할 때마다 신심이나 하느님에 대한 어떤 감정을 느끼려고 기대해서는 안 됩니다. 하느님을 언제나 느껴야 한다는 강박감을 가져서도 안 되지요. 때로는 하느님께서 우리로부터 모든 느낌을 거두어 가십니다. 그렇게 하시는 것은 우리가 좀 더 깊이 마음 안으로 들어가 느낌들 너머에 계시는 하느님을 발견하게 하려는 것이지요. 하느님은 우리 영혼의 깊은 바닥에 계시고 그곳으로는 느낌들조차 들어갈 수 없어요. 느낌들은 단지 나를 하느님께로 안내합니다. 그러니 하느님께 가는 여정에서 느낌들을 그 뒤에 남겨 두어야만 합니다.

눈물을 흘리는 것에 대해 어떻게 생각하나요? 이것도 기도에 속하는 것인가요? 아니면 유약함이나 민감성을 드러내는 것에 지나지 않는 것인가요?

초기 수도자들은 눈물을 흘리는 은사를 매우 높이 평가했어요. 에바그리우스 폰티쿠스는 하느님이 자신의 영혼 깊은 곳에 연결될 때 그는 눈물을 흘리게 된다고 했습니다. 그에 의하면, 눈물은 하느님을 참으로 체험한 표시입니다. 그러나 억지로 조작하여 눈물을 흘려서는 곤란하지요. 하느님이 가까이 계심을 절실히 체험했거나, 자신이 저지른 죄의 심연을 보았거나, 아무 조건 없이 우리를 받아주시는 하느님의 무한한 사랑을 체험했을 때 흘리는 눈물은 은총입니다. 민감한 감성 때문에 흘리는 눈물은 유아적인 욕구에 사로잡히게 하지만 참된 눈물은 사람을 변화시킵니다. 때로는 우리가 원하는 것을 성취하지 못하기 때문에 어린아이와 같이 우는 경우가 있지요. 그런 울음은 우리를 불만족과 관련되지만 참된 울음은 마음 깊은 곳의 평화로 인도합니다.

어떤 사람은 슬픈 영화를 보아도 눈물을 흘리는데요, 그러면서 정화되었다고 느낍니다. 그렇게 볼 수 있는 것인가요?

슬픈 영화 또는 감동적인 영화를 보면서 눈물을 흘리는 것은 큰 도움이 될 수 있습니다. 그 기회에 자신이 지닌 상처와 동경들을 보게 되기 때문입니다.

때로는 저지르고 있는 죄가 너무나 달콤하여 도무지 이것을 멀리할 힘이 없어 뉘

우칠 수조차 없는 경우가 있습니다. 이럴 때, 그 죄에 대해 하느님께 말씀드리기 조차 두렵습니다. 이때 어떻게 마음을 열고 기도할 수 있을까요?

달콤한 맛 때문에 멀리할 의사도 없으면서 억지로 후회하는 척 해서는 곤란합니다. 자신이 그리워하는 것, 그것을 하느님 앞에 내놓아야 하고, 동시에 자신이 빠져들어 있는 분열상태조차도 꺼내야 하지요. 예를 들어서, 어떤 이가 간음을 저지르고는 마음은 불편해 하면서도 반복적으로 간음하는 상대 여인을 멀리할 수 없는 경우가 있습니다. 그러나 자신의 그 행위에 대해 곰곰이 성찰한다면, 또 그 행위로 아내에게 대단히 큰 상처를 주고 있음을 인식하게 되면 결국 뉘우치고 그만두게 될 것입니다. 하느님의 현존 앞에서 인간은 내적 분열을 일으키는 잘못된 행동에서 기인된 고통을 깊이 성찰하는 순간이 틀림없이 오지요.

기도 중에 원하는 것이나 유익한 것을 구하는 대신 자신에게 상처를 준 사람을 위해 기도하는 것이 어떻게 하면 가능할까요?

타자를 위한 기도가 타자를 거슬러 바치는 기도로 변질되면 안 됩니다. 내가 옳으니 그 사람의 이성을 일깨워 달라고 기도한다면, 이것은 역으로 기도하는 자를 거슬러 기도하는 경우가 됩니다. 오히려 기도 중에 그 사람의 처지로 들어가기를 청하고, 그가 어떤 문제들로 고민하는지, 그가 무엇 때문에 어떤 고통을 받으며, 또 그 사람의 동경이 무엇인지 알게 해 달라고 청한다면, 이것이 그를 위해 올바로 기도하는 것입니다. 그러면 나는 사제로서 하느님께 그를 축복해 주시기를 청할 수 있고, 내적 평화를 얻는 데에 필요한 모든 것을 그에게 주시기를 청할 수 있지요.

어떻게 하면 하느님과 대화를 할 수 있는가에 대해 질문하게 해 주십시오. 하느님께 무엇을 말씀드릴 수 있고 무엇은 말씀드리면 안 되는 것인가요?

나에게는 하느님과 대화하는 데에는 세 가지 길이 있습니다. 첫 번째 길은 나의 상태가 어떤지 그리고 무엇이 나를 자극하는지 하느님께 내면의 언어로 조용히 아뢰는 것이지요. 두 번째 방법은 내면의 것을 큰 소리로 하느님께 아뢰는 것입니다. 그럴 때 나의 목소리를 내가 듣게 되면, 그다지 중요하지도 않은 것을 하느님께 아뢰고 있다는 것을 느끼지요. 상투적인 미사여구는 불쾌하지 않습니까! 하느님 앞에서는 참된 자신의 모습을 나타내야 함을 자각하게 되지요. 큰 소리로 하는 기도는 참된 나의 모습을 표현하도록 압박하고, 지금 내가 참으로 어떤 상태인지 그리고 나의 본질적인 동경은 무엇인지 하느님께 말씀드리라고 촉구합니다. 세 번째 길은 하느님 앞에서 침묵을 지키는 것입니다. 텅 빈 침묵이 아닌 자신의 영혼을 있는 그대로 열어 드리는 침묵이지요. 해야 할 어떤 말을 찾는 것이 아니라 하느님 앞에 침묵하는 동안 나에게 중요한 것이 떠오르게 될 거라는 믿음으로 고요히 앉아 있는 것입니다. 그러면 의식하지 못했던 많은 것들이 떠오르는데 그때 그것들을 하느님 앞에 내어 드리게 됩니다.

어떤 사람은 자신의 말로 기도하기를 좋아하지만 자신이 느끼는 것을 제대로 표

현할 말을 적절히 구성할 수 없어 어려워합니다. 또 어떤 사람들은 아예 제대로 말하지도 못합니다.

적합한 말을 찾지 못할 때에는 단순히 그분 앞에 있는 그대로의 마음을 내어 드리면 되지요. 두 손을 모아 작은 그릇처럼 만들어 그 안에 내 몸과 영혼의 모든 부위를 담아 하느님 앞에 드리는 기도 자세를 취하는 것도 큰 도움이 됩니다. 그러면 하느님의 빛이 내 안으로 들어올 수 있습니다. 모든 것을 말씀드렸으면 그저 침묵 중에 하느님께서 나에게 하실 말씀을 들으면 되지요.

하느님의 말씀을 들을 수 있나요? 하느님께서는 언제 우리에게 말씀하시나요?

그분의 음성은 공기의 진동으로 전달되는 것이 아니기에 귀로 들을 수 없는 것이 일반적입니다. 그런데 말을 멈추고 하느님 앞에 차분히 앉아 있으면 내 안에 어떤 생각들이 떠오릅니다. 이것은 분명 내 뇌에서 발생하는 나의 생각들이지만, 바로 그 순간에 왜 이런 생각을 하고 있는가에 대해 질문해 볼 수 있지요. 그러면 나의 생각들 안에서 나에게 하느님께서 말씀하신다는 것을 신뢰할 수 있게 됩니다.

그러나 여기에는 문제도 있습니다. 우리의 생각들 중에는 깊은 신심에서 우러나온 것처럼 보이지만 실제로는 하느님으로부터 유래하지 않은 것도 있지요. 어떻게 하면 하느님으로부터 유래한 것과 그렇지 않은 것을 구별해 낼 수 있나요? 이러한 것을 위한 영석 규칙이라도 있는 것인가요?

수도자들은 생각을, 하느님께서 나에게 불어넣어 주신 생각, 나 자신에게서 나온 생각, 악마로부터 유래한 생각으로 분류합니다. 나의 생각들이 가진 품질의 성격은 그 생각들이 나의 영혼에 미치는 영향으로 알아냅니다. 하느님으로부터 유래하는 생각은 내면의 깊은 평화로 인도하여 내적으로 생기 있고 자유롭게 합니다. 이러한 평화는 결코 값싼 것이 아니지요. 하느님으로부터 유래하는 생각들이 내 안에 작용하여 발생하는 내적 평화에 도달하는 것은 결코 쉽지 않은 일이어서 많은 수고를 요청합니다. 하느님으로부터 유래하는 생각이 처음에는 나를 불안정하게 하고 혼란에 빠트릴 수도 있어요. 그러나 이 음성이 내면으로 들어오도록 진실로 허용하면 내적 공간에 좋은 작용이 됨을 체험합니다. 그러다 어느 한순간에 갑자기 '이것이 참으로 진리이구나!'라는 것을 느끼지요. 하느님으로부터 오는 생각들은 나를 나 자신과 일치하게 하여 결국 평화를 누리게 합니다.

인간적인 생각들은 대개 피상적이기 일쑤입니다. 대 그레고리오 교황님은, 인간적인 생각은 단지 상상의 공간을 거니는 것에 지나지 않다고 하셨어요. 그런 생각들은 목표가 없지요. 자신을 분산시키는 이 생각 저 생각을 할 뿐이기 때문이지요.

마지막 세 번째, 악마로부터 유래하는 생각들은 나를 움츠러들게 하고 두려워하게 하지요. 이 생각들은 때때로 자신을 감추고 위장하여 신심 깊은 생각이라도 되는 듯이 행세합니다.

예를 들어 주시겠어요?

마음 깊이 수도생활을 원하지 않는 사람이 수도원에 입회할 것인가 말 것인가에 대해 숙고하면 그것을 느낄 수 있어요. 그런데 완벽주의와 명예심으로 수도원에 들어가야만 남보다 낫고 특별한 존재가 된다는 생각에 압박을 받으면 그는 자신에게 이렇게 말할 수 있어요. '하느님은 언제나 완벽한 것을 원하신다.' 그러면 그는 몸과 마음이 원치 않는다는 것을 알면서도 수도원에 가야만 한다는 생각을 할 수 있지요. 이런 생각은 하느님으로부터 온 것이 아니라고 봅니다. 수도자가 되는 것이 크게 내키지는 않지만 영혼의 깊은 곳에서 그것을 느끼는 사람은 다른 태도를 취합니다. 그는 수도생활을 수용하면서 이렇게 생각하지요. '수도생활은 나를 참된 삶으로 인도하여 하느님을 향한 나의 깊은 동경을 채워 준다.' 바로 하느님으로부터 비롯된 생각이지요. 올라오는 생각들이 영혼과 몸에 작용하는 것으로써, 그 생각이 어디서 오는 것인지 자각할 수 있습니다.

개인이 가진 하느님의 상으로 자신이 원하는 것들을 채워 달라고 강박적인 기도를 바치는 사람도 있지요. 이와 같은 왜곡은 어떤 사항에서 가장 많이 발생하나요?

인간은 자주 자신에게 유리한 쪽으로 자신의 목표를 이루기 위해 하느님을 이용하려 합니다. 이럴 때 하느님은 자신의 소원을 즉시 들어주는 큰 자동기계가 되어야 하지요. 또 나의 모든 문제를 고통 없이 가능한 대로 빨리 해결해 주는 위대한 마술사가 되어야 합니다. 그러나 이런 식의 기도를 허용하실까요! 내 문제들을 해결하는 데에 하느님을 이용한다면 나는 그 문제들에 고착되고 맙니다. 그리고는 자신의 그 문제들을 해결해 주시지 않는다고 하느님께 실망합니다. 그러면 더 많이 기도하려고 합니다. 그럼에도 불구하고 문제가 해결되지 않으면, 자신의 믿음 부족을 탓하거나 더 나아가 하느님을 탓하게 됩니다.

이런 현상은 두 가지 결과를 낳을 수 있어요. 하나는 하느님에 대한 믿음을 키우려고 기도를 더 많이 하도록 자신을 압박하는 것이고, 다른 결과는 하느님을 거슬러 대항하거나 실망하여 아예 떠나는 행위입니다. 분명 우리는 하느님께 모든 것을 청할 수 있습니다. 내가 지닌 모든 문제와 곤란과 함께 하느님께 나아갈 수 있지요. 그러나 기도의 목표는 언제나 '하느님의 뜻이 내게 이루어지소서'이어야 합니다. 나의 기도가 하느님을 왜곡 조작하거나 압박해서는 안 됩니다. 하느님과 함께 노력하여 내적 올바름과 힘을 회복하고 하느님께 나를 더욱더 내어 드려야 합니다. 그렇게 하여 참으로 자유로워지고 구원되어야 하지요.

대부분 사람들은 침묵하시는 하느님이라고 체험합니다. 어떻게 하면 보이지 않는 것들로 보이는 하느님을 만날 수 있나요?

우리는 기도 중에 하느님을 우리에게 오시라고 강요할 수는 없습니다. 침묵하시는 하느님이 우리에게 더 좋을 수가 있어요. 왜냐면 그럴 때 자신이 그린 하느님의 이미지를 벗어 버리고 자신이 다 파악할 수 없고 눈으로 볼 수 없는 하느님께 자신을 내어 드리게 됩니다.

하느님은 언제나 완전히 다른 분이십니다. 하느님을 마음대로 처리할 수 있는 기도나 기술은 결코 없어요. 우리 마음대로 할 수 있는 하느님이 아니시지요. 침묵하시는 하느님, 그래서 마치 존재하지 않는 것처럼 보여 우리가 어떻게 할 수 없는 것은 하느님의 속성이 그러한 것이기에 그렇습니다. 하느님의 부재함을 느낄 때 오히려 나의 내면을 정화하고 머리로 그린 환상들을 하느님으로 섬기지 않게 하고, 나를 다 알 수 없는 하느님의 신비에 개방하게 합니다.

악에 대해서도 침묵하실 때에는 어떻게 하지요? 하느님께서 유대인 대량학살이나 다른 여러 가지 참상들에 대해서도 침묵하셨다고 비난하는 사람이 있지요. 어떻게 하면 이러한 것을 하느님의 정의와 자비심에 일치시킬 수 있을까요?

하느님께서 지진이나 폭풍 또는 불 속에서 나타나시는 것이 아니라 고요한 미풍 속에서 불러 주신다는 사실을 알기까지 엘리야는 하느님으로부터 배워야만 했지요. 우리는 하느님께서 그의 전능한 힘으로 세상에 존재하는 모든 악을 없애 버리시기를 간절히 원합니다. 그러나 하느님께서는 침묵하시지요. 우리는 큰 시련을 겪습니다. 홀로코스트가 일어난 사실을 두고 많은 사람들이 하느님께 대해 의혹을 가지고 있다는 말을 자주 듣습니다. 내가 그분들에게 침묵하시는 하느님에 대한 신학적 근거를 제시할 수는 없어요. 하느님께서 어째서 침묵하셨는지 저도 잘 모르기 때문이지요. 다만 그분은 악에 대해서도 자주 침묵하심을 인정할 수 있을 뿐입니다. 내가 할 수 있는 것은 악에 침묵하시는 그분에 대한 나의 빈김과 이해될 수 없음에 대해 말씀드리는 것이지요. '하느님, 당신은 제가 당신께 대해 생각한 것과는 많이 다릅니다. 그렇지만 당신께 꼭 붙어 있으렵니다. 제 마음이 당신과 이 세상을 못마땅해 하고 당신이 이 세상이 이러한 불의와 고통 속에 있는 데에도 그대로 두시는 것에 대해 자주 반기를 들지만 그럼에도 불구하고 당신께서 모든 것을 옳게 처리하신다는 사실을 믿겠습니다. 그리고 당신의 침묵에도 불구하고 당신은 자비하신 하느님이시고 불쌍한 저를 감싸시는 따뜻한 마음을 지니셨음을 믿습니다.'

그런데 고통을 받아들일 수 있기 위해서는 그 의미를 알아야만 한다고 생각합니다.

고통의 의미에 대해 이론적으로 잘 설명할 수는 없지만 어떤 고통이 나에게 엄습해 오면 다만 이것을 영적 삶을 위한 도전으로 여깁니다. 고통은 나를 정화할 수 있지요. 고통은 나 자신과 나의 삶에 대해 가진 환상들을 내 스스로 부숴버리게 합니다. 영적 삶을 살면 그리고 심리적 법칙들을 따르면 나의 삶은 늘 성공할 거라고 생각한 환상 같은 것을 깨버리는 것이지요. 고통 속에서 내 마음대로 할 수 있는 삶이 아니란 것을 체험합니다.

내가 왜 고통을 받아야만 하는가와 같은 질문에 저는 올바른 답을 할 수 없습니다. 내가 할 수 있는 것은 오직 무엇 때문에 나에게 고통이 왔는가, 이 고통에 어떤 의미를 부과할 수 있는가에 대해 생각해 보는 것뿐입니다. 이 과정에서 성경을 읽고 예수님의 고통을 묵상하는 것이 도움이 됩니다. 묵상을 하게 되면 나는 고통 속에 혼자 버려진 것이 아님을 느끼지요. 고통 속에서 그리스도와의 내적 일치를 체험할 수 있음을 느낍니다. 예수님은 고통 중에 자신 안에 갇히도록 하지 않으시고 사랑을 실천하도록 초대하지요. 다른 사람들의 처지가 나아지도록 그들을 위해 고통을 견뎌 내는 것입니다.

고통의 깊은 의미는 '나 자신이 도대체 누구인가? 인간의 삶은 무엇인가? 하느님은 누구이신가?'라는 질문으로 이어지지요. 고통은 나의 환상과 자의적으로 만든 하느님의 이미지에서 저를 해방시킵니다. 고통 안에서 하느님은 참으로 누구이신지를 체험하고, 삶의 의미는 건강하게 가능한 장수하는 데 있지 않고 건강하거나 아프거나 전혀 상관없이 나의 현존재 안에서 하느님께 나를 열어 드리는 것에 있다는 것을 느낍니다. 중요한 것은 사는 동안 나의 원초적 자취를 명심하는 것이지요.

기도라는 주제로 다시 돌아갑시다. 사막의 교부들은 기도와 연계하여 "내적 투시 die innere Schau"의 필요성에 대해 말했습니다. 신부님은 이 문제에 대해 어떻게 생각하시나요? 그리고 어떻게 하면 내적 투시에 도달할 수 있을까요?

관상의 깊은 상태에서 자신의 고유한 빛을 볼 수 있다고 에바그리우스가 말했지요. 이와 같은 상태에서 사람은 자신이 참으로 누구인가에 대해 명백하게 알게 된다는 것입니다. 이와 같은 내적 투시는 어떤 특정한 것을 보는 것이 아니라 내적 명백성이지요. 깊은 관상 상태에서는 자신의 모든 것이 명백하게 밝아진다고 할 수 있어요. 근본적인 것까지 보게 되는 것이지요. 그렇게 되면 어느 날 갑자기 모든 것이 좋은 것이고 나와 하나라는 것을 알게 됩니다. 나는 나 자신과 하느님 그리고 피조물과 하나라는 것을 인식합니다. 그레고리오 교황은 베네딕토 성인이 한 줄기 빛으로 온 세상을 볼 수 있었던 분이라고 하셨어요. 이런 것도 내적 투시입니다. 단 한 번에 갑자기 모든 것이 열어집니다. 모든 것이 분명하고 모든 것이 좋으며 모든 것이 밝습니다. 하느님 안에서는 모든 것이 투명하고 밝으며 좋은 것이라는 것을 느끼게 되지요.

신부님은 하느님 체험을 일반적인 감각적 체험들과 혼돈할 수 있는 것에 대해 우려하지는 않나요? 기쁨의 순간에 사람은 이 세상을 핑크빛 안경을 통해 봅니다. 꼭 영적인 체험이 아니어도 기쁨의 체험을 비슷하게 하니까요.

하느님 체험을 다른 종류의 강력한 체험이나 감정적 상태와 섞어, 기도나 미사를 드릴 때에 반드시 어떤 체험이 일어나기를 주장할 위험은 의심의 여지없이 분명히 있어요. 그러나 그렇지 않아요. 앞에서 이미 말씀드린 대로 감정들이 하느님께로 인도할 수는 있지만 하느님은 우리가 지닌 모든 감정을 넘어서 계십니다.

영적 훈련이나 일반적인 수련을 통해서 내적 통찰에 도달할 수 있는 것인가요 아니면 이것은 전적으로 하느님의 은총인가요?

내적 통찰에는 묵상과 영적 길을 충실히 걸어가는 것으로 도달할 수 있습니다. 그러나 통찰 자체는 언제나 은총으로서 우리 자신의 힘만으로는 성취할 수 없지요.

사막의 교부들 중 한 분이 욕정이 없는 영혼만이 하느님을 만날 수 있다고 말했지요. 어찌하여 욕정이 기도에 그렇게 해로운 것인가요?

에바그리우스는 『기도에 관하여』라는 책에서 기도할 때에 무엇보다 먼저 짜증, 성욕, 걱정과 같은 욕정을 다루는 방식에 대해 기록했습니다. 기도하는 자는 이와 같은 욕정들을 떨쳐 버려야 비로소 자신 안에 신심 깊은 생각, 좋은 감정 그리고 하느님께 대한 아름다운 표상이 떠오르지요. 에바그리우스는 그럼에도 불구하고 하느님은 이러한 생각, 감정, 표상 뒤에 계신다고 말했습니다. 그러므로 참된 기도는 모든 욕정을 넘어 하느님과 하나가 되는 데에서 성립하지요. 그러나 이러한 상태는 언제나 짧은 한순간만 허락될 뿐입니다. 욕정은 내가 기도하는 것을 방해하고 나의 기도를 왜곡시키며 하느님의 표상을 내 마음대로 형성하도록 나를 오도합니다. 오직 내 안에 든 욕정이 잠잠할 때에만 마음의 온전한 고요 속에 하느님과 하나가 될 수 있어요. 마음의 평정과 고요함은 욕정이 어떤 힘도 행세하지 못하게 하지요.

수도자만이 이러한 내적 침묵의 공간에 도달할 수 있는 것인가요 아니면 누구나 이러한 체험을 할 수 있는 것인가요?

누구에게나 고요의 공간은 있습니다. 그러나 대부분 그 공간으로부터 분리되어 있을 뿐이지요. 고요의 공간 위에 각종 문제들과 걱정

거리로 굳어진 두터운 콘크리트 층이 덮여 있어요. 기도나 묵상으로 내적 고요와 내면의 소리를 들음으로써 그 침묵의 공간과 접촉하게 됩니다. 비록 짧은 순간에 지나지 않는 접촉이지만 말입니다. 그와 같은 침묵의 공간은 하느님께서 그 안에 사시는 장소입니다. 온갖 주장과 기대, 선입관과 판단으로 가득한 사람은 자기만의 특별한 생각과 욕정을 지닌 자와 마찬가지로 이 장소에 들어갈 수 없어요. 니니베의 이사악Isaak von Ninive은 이 장소를 "내면의 보물창고"라고 불렀지요. 하느님이 내 안에 거주하시는 이 고요의 공간에서 나는 참된 나 자신을 만나고 내 안에 비치는 원천적이고 왜곡되지 않은 하느님의 표상을 만날 수 있어요.

각종 문제들과 우리를 부산하게 하는 요소들이 날마다 덮쳐 오는 오늘날과 같이 바쁜 세상에서 고요의 공간을 어떻게 지켜갈 수 있나요?

하루 일과 중에 여러 번 작은 알아차림을 통해 자주 내면의 공간을 떠올리려 합니다. 하루에도 여러 번 그곳으로 물러나기를 시도합니다. 물론 의식적으로 노력해야 가능합니다.

이런 것은 처해진 삶의 상태에 따라 큰 영향을 받지요. 어린아이의 엄마가 잠에서 깨자마자 묵상에 몰입할 수는 없어요. 어떤 엄마들은 욕조에서 오 분 정도만 자신을 위한 시간을 가진다고 말했습니다. 이 오 분간이 그분에게는 자유롭게 사용할 수 있는 시간이지요. 순간적으로나마 우리는 이럴 때 절대적인 내적 자유를 느끼고, 타인에 의해 흔들리지 않는 나를 자각하게 됩니다. 단 몇 분간만이라도 자기 자신과 하느님을 만나는 시간을 갖는 것이 중요합니다. 물론 종일 내내 내적 공간 안에 있어서도 안 되지요. 나만의 내적 공간으로는 외부의 어떤 갈등이나 소란함이 침입할 수 없음을 알아차려야 합니다. 그래야 내적 거리를 유지하게 되고 그 공간은 넓어지며 자유를 느끼게 합니다.

우리가 지닌 문제들의 대부분은 외적인 자극들에만 반응하고 고요하고 깊은 내면으로 사는 것이 부족한 데에 원인이 있다고 하는 사람들이 있습니다.

그렇습니다. 초월 심리학은 우리의 대부분의 문제들은 늘 외적인 자극에만 반응하기 때문에 발생한다고 합니다. 어떤 갈등이 일거나 불평이 일면, 그것을 해결하려고 노력하지요. 이런 행위는 에너지를 많이 소진시킵니다. 그러므로 갈등이 확산되도록 둬서도 안 되지요. 감정 폭발로 갈등을 일으키는 대신 잠시 참고, 무질서와 분탕함에도 불구하고 우리의 내적 평화와 자유를 체험할 수 있는 고요의 공간이 있다는 사실을 발견하는 것이 중요합니다. 이런 통찰은 난관에 처한 삶에서 우리를 지켜갈 수 있는 강력한 무기가 됩니다. 이것은 갈등과도 일정한 거리를 유지할 수 있게 하고, 그래서 대항할 수 있는 힘을 제공합니다. 그렇게 하여 우리는 문제들이 우리의 삶을 지배하는 것을 막을 수 있지요.

신부님은 구원을 가져오는 기도의 힘에 대해 자주 서술하셨지요. 이 힘이 어디에 놓여 있는지 간단히 말씀해 주시겠어요?

내적 치유를 청원했던 이가 건강하게 된 것을 본 적이 있어요. 반면 지속적으로 기도를 했지만 여전히 아픈 사람을 보기도 했습니다. 구원을 가져오는 기도의 힘은 하느님이 나의 모든 질병을 치유하시는 데에 있다는 생각은 하지 않아요. 오히려 병을 앓고 있을 때 내가 그 질병 안에서 고요의 공간과 접촉하는 데에 기도의 구원의 힘이 있다고 봅니다. 그곳은 온전히 건강하고 온전한 나 자신으로 있을 수 있는 곳이지요. 이곳에서 질병은 어떤 힘도 지니지 못합니다. 이런 통찰은 병중임에도 온전한 내적 평화를 누려서 어떤 스트레스도 받지 않도록 합니다. 그래야 나의 병이 낫도록 할 수 있지요. 그러나 이것은 나의 모든 것을 전적으로 하느님의 뜻에 맡겨 드리는 것에 의한 것입니다. 기도 중에 참으로 하느님께로 마음을 향하면 나의 영혼은 건강하게 되고 건강한 영혼은 몸을 건강하게 치유합니다. 화젯거리가 될 정도로 이런 일이 발생하지 않나요? 오랫동안 아픈 상태의 때에도 기도 안에서 내적 치유를 체험합니다.

신부님은 혹시 오늘날 정형화된 기도문들의 중요성이 약화되고 있다는 인상을 받지는 않는가요? 서구의 많은 사람들이 요즘 묵주기도를 적게 하고 있지요. 묵주기도에 대한 선호도가 떨어진 이유는 무엇일까요?

정반대로 나아가야 합니다. 요즈음 우리는 동방으로부터 짧은 기도문과 호흡을 연계시킨 만트라 기도를 배웠습니다. 묵주기도는 이와 같은 만트라 기도에 속하는 것으로서 묵상도 함께하는 기도이지요. 묵주기도의 맛은 지정된 기도문만이 아니라 늘 반복되는 기도에서 오는 고요와 모아짐입니다. 이 기도 중에 하느님께 우리를 개방하게 하지요. 묵주기도는 간단한 묵상방법 중 하나입니다.

저는 이것을 어머님의 기도에서 체험했는데요, 그분은 날마다 아침 식사 후 당신의 자녀들과 손자, 손녀들을 위해 열 단을 바치셨어요. 높은 연세에도 불구하고 다른 사람을 위해서 무엇인가 하실 수 있다는 사실이 어머님께 큰 힘과 위로가 되었지요. 어머님은 불평을 하는 대신 묵주기도를 했어요. 삶의 기쁨이 솟아나는 원천이 묵주기도였기 때문입니다.

6
영성과 심리 그리고 믿음

"영혼을 가꾸는 일"은 오늘날 점차 전문적인 심리학의 영역으로 넘어가고 있습니다. 현대 심리학이 신학과 교회가 신자들을 돌보면서 수행해 온 일을 넘겨받는 것 같은 인상까지 주고 있지요. 이러한 현상은 오늘날의 교회가 사람들이 지닌 내면의 문제들에 효과적으로 도움을 줄 능력을 상실한 것에 원인이 있는 것으로 보십니까?

교회가 신자들의 영혼을 돌보는 일에서 예전 같은 능력을 발휘하지 못하고 있는 것은 사실입니다. 교회는 신도들의 영혼을 돌보기에 소홀히 했고 영혼의 구조에 대한 공부에도 소홀히 했어요. 그 결과 성인으로 바르게 성장해 나가는 길에 적합한 도움을 줄 능력을 제대로 기르지 못했어요. 교회는 문제를 갖고 찾아오는 이들에게 본질적인 치유의 능력을 제공했던 사막의 교부들이 지녔던 지혜를 다시 익혀야 합니다.

미국에서는 심리치료사를 가까이 하는 것이 일반화되어 있습니다. 이러한 현상은 미국만의 유행에 지나지 않는 것인가요, 아니면 깊은 다른 원인이 있는 것인가요?

단지 미국만의 현상이 아니라 우리에게도 이런 경향이 증가하고 있어요. 서로 신뢰하며 좋은 관계를 잘 유지하는 전통을 많이 잃은 탓이 아닐까 추정합니다. 이전에는 친구와의 잦은 대화, 또 고해성사와 사제와의 면담이 있었지요. 그런데 오늘날 이런 것이 더이상 당연한 것이 아니게 되었어요. 현대인은 자신을 위한 시간도 다른 사람들과 좋은 생각을 나눌 시간도 점점 못 갖고 있지요. 사목 현장에서도 마찬가지입니다. 성직 수행에도 주어진 과다한 일로 좋은 대화를 나눌 시간을 가질 수 없게 하지요.

오늘날 많은 사람들이 고해성사를 하기보다는 심리상담가들을 찾아갑니다. 신부님은 교회가 고해성사 주는 일에 소홀히 하여 그렇게 되었다고 생각하십니까? 종교적 의무를 채우기 위해 고해성사를 건성으로 하는 사례도 있습니다.

안타깝게도 고해성사가 그저 내용 없는 전례에 따른 의식으로 전락하고 말았어요. 참된 고해성사에는 대화가 필요합니다. 그러나 고해성사를 하려고 긴 줄을 서 있는 상태에서 어떻게 대화를 제대로 할 수 있나요. 고해성사는 자신의 어두운 측면을 드러내고 죄를 고백하면서 하느님께서 자신을 아무런 조건 없이 받아들이심을 체험하는 좋은 기회입니다. 단지 대화를 좀 더 길게 할 수 있는 새로운 형태의 고해성사 형식을 개발하는 데만 힘쓸 것이 아니라, 사목자들이 심리학을 좀 더 공부할 수 있도록 배려하는 것도 필요합니다. 고해성사를 원하는 이들은 자신을 이해하고 보다 나은 영적 길로 나아갈 수 있도록 도움을 줄 사람을 찾기 때문입니다.

이러한 문제는 수백 년 동안 있어 온 것입니다. 사제들의 수가 충분하던 때에도 고해성사는 형식적으로 진행되기 일쑤였어요. 얼마 전까지도 대죄와 소죄의 목록을 기록해 두고 그것에 비추어 자신이 지은 죄의 경중을 판단하도록 한 것을 사용하기도 했지요. 이러한 종류의 고해성사에 대해 어떻게 생각하시며 앞으로 고해성사가 구체적으로 어떻게 변화되어야 한다고 생각하십니까?

지난 수백 년 동안 고해성사는 지나치게 형식적으로 흐른 경향이 있었던 것은 사실입니다. 그럼에도 불구하고 고해성사는 교회가 제공하는 중요한 구원의 도구였어요. 오늘날 많은 수의 심리학자들이 고해성사가 사람의 건강에 크게 도움이 된다는 것을 인정하고 있지요. 그러므로 화해의 고해성사가 심리적 치료에서도 큰 효과가 있다는 사실을 재발견한 것은 우리 모두에게 좋은 일입니다. 그럴 경우 사람들은 고해사제를 좀 더 자주 찾아갈 것이지요. 백 년 전에 했던 것만큼 그렇게 자주 방문하지는 않겠지만 자신들이 참으로 필요할 때에는 찾아갈 것입니다. 소죄와 대죄를 기록해 둔 목록은 고해성사를 하는 데에 도움을 줄 수 있는 것입니다. 그것이 형식적인 것으로 전락할 때에 곤란을 초래하는 것이지요. 자신의 양심을 성찰하는 데 자극을 주는 정도의 역할을 할 수는 있어요.

신부님은 저서에서 신앙의 관점을 심리학적 관점과 자주 연결시키셨습니다. 현대 심리학에 대한 지식이 없어도 영적 지도를 잘할 수 있을 가능성이 있나요?

다른 사람을 영적으로 돕고자 하는 사람은 인간의 영혼에 대해 잘 알아야 합니다. 영적 전통은 인간의 심리를 어떻게 다루어야 하는가에 대한 풍부한 지혜를 담고 있습니다. 그러나 오늘날 영성 지식은 심리학 지식과 연결되어야 합니다. 그래야 더 잘 이해할 수 있지요. 오늘날 심리학적 지식이 부족한 채로 사람들을 영성적으로 돕고자 나서는 사람은 조현현상, 내적 상처, 왜곡된 세계관과 같은 병리학적 현상을 적절한 시기에 발견하지 못하게 됩니다. 그래서 더욱더 곤란한 처지로 몰아가 바람직한 길로 가지 못하도록 인도할 수 있지요.

종교적 문제들을 풀어나가는 데 심리학이 기여할 수 있는 핵심은 무엇이라고 생각하십니까? 심리학이 신앙에 제공할 수 있는 것이 무엇인가요?

심리학이 신앙적 문제들을 완전히 해결하는 것은 아닙니다. 그러나 심리학은 우리의 믿음 체계 안에 있는 유아적 표상들과 현실도피적인 요소들을 벗어버리는 것에 기여합니다. 심리학은 종교에 대해 비판적인 기능을 가지고 있어요. 그러나 다른 한편, 융의 심리학과 초월심리학으로부터 많은 도움을 저는 받았습니다. 나의 영적 길이 심리적 건강을 회복시켜 준다는 것을 알려주었고 그래서 나의 삶이 의미가 있다는 것을 알게 해 준 것이 심리학이었으니까요.

심리학은 일반적으로 영혼을 전체적으로 고찰한다는 장점이 있습니다. 심리학은 나의 존재 선체를 의식하도록 도와주어요. 숨겨진

나의 모습을 하느님께 내보여 드릴 능력이 있을 때에만 나와 하느님과의 관계가 생동감 있게 되지요. 간혹 신심이 깊다는 사람이 오직 자신의 일부만 하느님 앞에 아뢰는 경우를 종종 봤어요. 영혼 깊은 곳에 숨은 상처들을 하느님 앞에 꺼낼 상태에 있지 못한 것이지요. 그렇기에 이들은 하느님과 인격적인 관계를 유지하지 못하지요.

심리학은 상처 치유에는 도움을 크게 주기는 합니다만 삶에 어떤 의미를 제공하지는 못합니다. 이것은 오직 신앙만이 할 수 있기 때문이지요. 자신이 가진 문제들을 꺼내려면 그게 무엇인가를 알아야 합니다. 그래야 비로소 내적 변화와 치유가 일어날 수 있어요.

영성적인 면에서 심리학이 가진 비판적인 과제는, 심리학이 사람을 영성적 도구로 사용할 우려가 있다는 것이지요. 단지 안전장치를 설치하려는 것에 지나지 않는다는 것이지요. 영성을 앞세워 자신이 저지른 문제들을 그냥 치우거나 회피하는 것에 사용하는 도구로 전락할 경우에는 영적 실천이나 하느님께 대한 표상은 마약 같은 존재가 되어 버릴 수 있지요. 그러므로 심리학은 참된 신앙에 중요한 시금석이 될 수 있습니다. 신앙과 영적 삶이 피어나는 곳에, 내적 자유와 마음의 평화 그리고 자기 자신과의 일치를 도모하는 곳에 건강한 삶의 길이 있어요.

신자들 중에는 신앙이 심리학으로 전락할 위험이 있다는 지적을 하는 사람도 있습니다. 어떤 경우에 심리학이 신앙을 대체하게 되나요?

심리학이 신앙을 위한 최종적인 규범이 되어서는 안 됩니다. 신앙은 심리학을 넘어서 나아갑니다. 그러나 신앙은 심리학과 대화를 나누어야 하지요. 신앙의 목표는 정신적 건강이 최우선이 아니라 하느님께 마음을 개방하는 것이고 하느님 안에서 우리가 지닌 인간적인 동경을 채우는 것입니다.

심리학적인 측면에서 인간을 고찰하면 인간은 본래 불완전한 존재이기 때문에 많은 잘못들을 용서해야만 한다고 하고, 영성적인 영역에서 실제로 깊이 들어갈 수 있는 것이 없다고 합니다. 인간이 죄를 저지르는 것도 이전에 받은 내적 상처에 의해 불가항력으로 발생되는 것이라고 합니다. 이러한 문제에 대해 어떻게 생각하시는지요?

우리가 가진 상처들과 두려움이 우리의 행동에 영향을 끼치는 것은 사실이지요. 우리가 저지르는 실제적인 죄 중에는 심리학적 원인에 의한 것도 있어요. 이러한 모든 것과 더불어 하느님 앞에 나아가야 합니다. 심리학자는 우리가 취하는 행동의 원인을 설명할 수 있을 뿐입니다. 그리고 우리의 죄가 우리를 짓누르지 못하도록 그것을 어떻게 다루어야 하는가에 대해 알려줄 수 있지요. 그러나 그는 죄를 없앨 수도 없고 우리가 용서를 받도록 할 수도 없어요.

우리는 많은 젊은이들이 신부님의 책들을 읽는다는 사실에 대해 이미 대화한 적이 있어요. 이들은 분명히 신부님의 세대와는 다른 문제들을 지니고 있고 다른 사고방식을 지니고 있지요. 오늘날 젊은이들을 사로잡거나 영적 삶으로 인도하는 것은 이전보다 훨씬 더 어려운 일이 되었나요?

저는 25년간 청소년들을 위해 일해 왔어요. 이 과정에서 젊은이들이 가진 영적 동경을 존중하게 됐습니다. 물론 오늘날 신앙에 대해 관심이 없는 많은 수의 젊은이들이 있지요. 그러나 이것은 그저 드러난 현상이지, 이들이 참으로 신앙에 대해 무관심한 것은 아니라고 볼 수 있어요. 나는 젊은이들이 오히려 신앙에 대해 질문과 관심이 많다고 생각합니다. 그래서 이들과 대화를 하고 마음을 움직이게 할 수 있는 언어를 찾도록 노력해야 합니다. 젊은이들에게 영적 체험을 확실히 전달하는 것은 매우 중요해요. 확신이 있을 때 청소년들도 기꺼이 수용할 것입니다. 젊은이들은 생기가 없거나 시대에 뒤지거나 인습적인 형식을 결코 좋아하지 않아요. 거기엔 참된 삶이 아니라 오직 관습이 지배함을 알기 때문이지요. 젊은이들은 실제적인 체험을 원하지 기성세대의 체험에 적응하는 것을 원하는 것이 아니어요.

신부님께서는 신학공부를 시작하기까지 자신에게 매우 엄격했었다고 말씀하셨습니다. 어떤 의미인가요?

수도원에 입회할 때 예수님의 비유루카 14,31 이하에 나오는 만 명의 군사를 가진 왕처럼 잘못과 유약함을 거슬러 대항하려고 했어요. 자신의 의지를 굳게 신뢰하면서 '내가 하고자 하면 나는 해낼 것이다' 했지요. 그러면서 나의 욕구들과 동경에 대해서는 지나치게 소홀히 했지요. 그러니 당연하게도 실패하고 말았습니다. 나의 약점과 유약함이 언제나 다시 떠올랐기 때문이지요. 하느님은 제게 다른 길을 보여 주셨는데 그것은 바로 자비의 길이었습니다.

당시 신부님을 가장 많이 도운 것은 무엇인가요?

심리학과의 만남 그리고 묵상하는 것이 제가 내적 자유를 얻는 데 큰 도움이 되었어요. 무엇보다 공동체 형제들과 이 주제에 대해 대화한 것이 도움이 되었고 공동체 형제들과 함께 자유와 활기로 이끄는 영성적 길의 동행이 도움이 되었습니다.

신부님께서 선-묵상과 융의 심리학을 통해 배운 것은 구체적으로 무엇인가요?

선-묵상으로 조용히 앉아 있는 것과 그 자세를 배웠어요. 그리고 어떤 생각을 하기 위한 것이 아니라 순간에 온전히 현존하는 것을 배웠는데, 이것은 내적 중심으로 나아가는 길입니다. 융의 심리학으로는 종교가 인간에게 본질적인 요소라는 것을 배웠지요. 융을 공부하면서 전례의 상징들과 성경의 표상들을 새롭게 해석하고 이해하려는 용기를 갖게 되었습니다. 또한 동시에 영성이 인간에게 작용하는 효과에 대해 존중하는 것을 알게 되었지요. 사람을 초라하고 병들게 하는 영성은 예수님의 정신에 일치하지 않는 것이란 것도 배웠지요. 영성은 본질적으로 인간이 자기 자신으로 성장해 나가는 과정과 연계되어 있습니다. 영성적 길에 들어서서 앞으로 나아가는 사람은 참된 자기 자신을 발견합니다. 그런데 이 길에 들어선 사람은 자신의 참된 모습을 어두운 면들까지 포함하여 보아야 하고 이것과 씨름을 해야 하지요.

신부님은 삶에 대한 즐거움을 찾는 사람이 수도원에 입회해야 힌다고 기술하셨

습니다. 이것이 그렇게 중요한 이유는 무엇인가요?

위기 중에 있는 사제와 수도자들을 위한 우리 피정의 집에서 일하면서 저는 그들 중 많은 이들이 삶의 기쁨을 찾아 영적 길을 선택한 것이 아니란 것을 알게 되었어요. 삶으로부터 도망을 친 사례가 해당하지요. 삶에서 부닥치는 문제들을 피하기 위해 그리고 수도공동체에서 편안한 삶을 위해 온 사람은 이곳에서 하느님을 발견하지 못하기 일쑤입니다. 하느님은 참된 삶이 있는 곳에 계시지요. 요한복음에 예수님에 대해 이렇게 쓰여 있습니다. "그분 안에 생명이 있었으니"1,4 와 사도 요한의 편지에는 이 "그리스도 안에서 생명이 나타나셨습니다"1요한 1,2 라고요. 삶을 찾는 사람만이 하느님도 발견합니다. 그 반대도 마찬가지입니다. 참으로 하느님을 찾는 사람만이 충만한 삶도 발견합니다. 삶을 거부하는 사람이 수도원에 들어온다면 수도원도 생명이 솟아나지 못할 것입니다. 생명이신 그리스도가 선포되는 것이 아니라 사람이 인위적으로 만든 하느님 표상이 선포될 뿐입니다.

일부 젊은이들은 가능한 빨리 "하늘나라에서 살기를" 꿈꿉니다. 즉 영성적 인간이 되고 싶어하지요. 이들은 이러한 이상을 극단적으로 쫓아가는 경우가 많습니다.

영적인 것만 추구하려는 젊은이들이 자신의 종교적 체험에 대해 자아도취적으로 이야기하면 일단 경청하고 그의 체험을 진지하게 수용합니다. 그다음에 그들의 구체적인 삶은 어떤지, 하루를 어떻게 살아가는지 물어봅니다 : "아침 몇 시에 일어납니까? 해야 하는 일은 잘 수행해 냅니까? 공부는 어떻게 합니까? 사람들과의 관계는 어떠합니까?" 현실의 구체적인 삶을 강조하여 붕 떠 있지 않고 일상의 삶 속에서 영성을 통합적으로 실천하게 합니다. 그렇지 않다면 일상생활로부터의 도피에 영성이 활용되고, 자아도취에 머물 수 있습니다. 영성을 찾는 불안정한 젊은이들이 오직 자기 자신에게만 머물러 맴돌고 말 위험에 있는 걸 보곤 했어요.

또한 멀리 볼 때 다른 위험이 도사리고 있지요. 자신을 너무 이상적인 존재로 여길 때 그 이상에 일치하지 않는 모든 것에 대해 거부하고 몰아내려는 위험이 있어요. 이렇게 억압된 부정적인 요소들은 언젠가는 다시 의식의 세계로 올라옵니다. 그러면 그것을 다른 사람들에게 전가시키고 이들과 투쟁을 벌이며 심판을 해댑니다.

사제들, 수도자들 그리고 신심이 좋은 평신도들을 상대로 영적 상담을 하면서 저는 사람 안에는 스스로 만든 이상을 거스르는 두 가지 기본적인 힘이 존재하는 것을 봅니다. 그것을 몰아내려는 시도를 하지요. 삶을 위해 매우 중요한 두 가지 에너지로서 바로 공격성과 성욕입니다. 강력한 힘인 이들을 억압하고 몰아내는 일에 모든 에너지를 소모한다는 것에 문제가 있어요. 결국 시원치 않은 상태에 머물고 말지요.

탐욕이나 종교적 교만이 사람의 영성에 더 위험한 것일 수 있는데 성욕이 신도들을 불안정하게 하고 충격을 주는 이유는 무엇인가요?

모든 문화와 종교가 성욕을 경이로운 것임과 동시에 이성을 잃게 할 수 있는 것으로 봅니다. 영적 길을 가는 사람은 성욕이 지닌 고유한 힘이 영적 생각을 방해하고 내적 조화를 흔들어 놓게 됨을 체험하지요. 성욕의 억압은 그것에 대한 깊은 두려움의 원인이 됩니다. 로마-가톨릭교회가 지난 수백 년 동안 가르쳐 온 성윤리에 그게 반영되어 있지요. 교회의 성윤리는 성욕을 변화시키려는 노력보다 억압하는데 급급해 왔어요. 가톨릭교회는 성욕을 영성의 원천으로 보지 못했어요. 교회의 신비신학에서는 언제나 그렇게 보아 왔는데 말입니다.

신부님 좀 더 구체적으로 말씀해 주시겠어요? 성욕을 신비체험과 연결시키는 것은 불가능한 일로 보는 사람들이 많습니다.

신비체험에서와 마찬가지로 성욕에서도 초월체험이 관건입니다. 자기 자신이 사라지도록 두어서 자신을 잊어버리는 것이지요. 성적 사랑에서 사람은 자기 자신을 잊고 다른 사람에 대한 사랑으로 넘어가는데, 이런 인간적인 사랑에서도 하느님의 영원한 사랑을 일부나마 체험할 수 있습니다. 신비체험도 이와 비슷한 체험으로써 하느님의 사랑 안에 일치하는 것입니다. 신비신학의 대가들이 하느님 체험을 언제나 에로틱한 언어의 도움을 받아 표현하는 것을 기억해야 합니다. 하느님이 인간과 하나로 일치할 때에는 인간의 이와 같은 언어만이 가장 잘 설명할 수 있기 때문입니다.

성에 관한 것이 자주 터부로 취급되고 지나치게 죄와 연계시키는 현상이 보편화되어 있는 상황에서 젊은이들이 교회 공동체와 가정에서 성욕에 관해 건강한 사고방식에 도달하려면 어떠한 노력을 해야 할까요?

중요한 것은 젊은이들이 성욕을 하느님의 선물로 이해하여 그것을 부드럽고 친밀하게 다루도록 하는 것입니다. 그리고 동시에 성욕과의 관계에서 자유를 유지해야 하지요. 성욕에 눌린다든지 내적 분열의 상태로 가면 곤란합니다. 바오로 사도는 성욕에 대해 다음과 같이 말했지요. "'나에게는 모든 것이 허용된다.' 하지만, 모든 것이 유익하지는 않습니다. '나에게는 모든 것이 허용됩니다.' 그러나 나는 아무것도 나를 좌우하지 못하게 하겠습니다."1코린 6,12 성욕은 좋은 것이지요. 그러나 성욕이 우리를 지배하도록 두어서는 안 됩니다. 그렇지 않으면 성욕이 우리를 좌우할 것이고 내적 분열을 일으킬 것입니다.

두 번째 힘인 공격성에 대해서도 이야기해 봅시다. 교회 안 어디에서 이것을 만날 수 있나요?

먼저 공격성이란 가깝고 먼 사이를 구분하는 힘이란 사실을 분명히 하고 싶군요. 공격성은 본질적으로 무엇에 다가가는 것, 무엇을 붙드는 것, 무엇을 손에 쥐는 것을 의미하지요. 어떠한 경우에도 자기 자신을 겨냥한 공격성이 되어서는 안 됩니다. 신심 깊은 행동이라 자처하는 행위 중에 이런 형태를 취하는 것이 있음은 안타까운 일이지요. 그리고 어떤 특정인을 대상으로 직섭석인 행동을 취해서도 인됩니다.

영적 삶에서 어떤 것이 원인이 되어 건강하지 못한 형태의 공격성이 드러납니까?

자기 자신과 종종 하느님의 이름으로 다른 사람을 거스르는 심한 공격적인 태도의 뿌리는 자주 내적 공허에서 오지요. 어린 시절 부모로부터 환영받지 못했을 때 부모에 대해 공격적이 되는데 또한 자기 자신에 대해서도 그렇게 되지요. 자신을 거슬러 공격적이고 종종 파괴적이 되기까지 하는데 그것으로 자기 자신을 느끼는 유일한 방법이기 때문이지요.

자기 자신에 대한 공격성의 특별한 형태가 완벽주의인가요?

완벽주의는 모든 잘못을 힘으로 몰아내려고 합니다. 비인간적이지요. 인간은 하느님이 아니라 인간일 뿐이기 때문입니다. 유약함과 어두운 면은 인간적인 것들에 속하지요. 자기 자신 안에 있는 모든 것을 받아들이는 사람만이 변화될 수 있고 내적 여정을 계속할 수 있어요. 자신의 잘못에 대항해 싸우는 사람은 계속 그 잘못들에 고착되어 결코 벗어나지 못합니다. 잘못된 행위들은 강력한 반작용력을 갖게 되기 때문에 잘못과 싸우는 사람은 결국 그 잘못들에 대한 힘을 잃게 되거나 자기 자신을 잔혹하게 대하게 되지요. 이 현상은 자기 자신을 거슬러 더욱더 공격하게 하고 그 결과로 다른 사람에게도 그렇게 하게 됩니다.

일부 사람들은 이와 관련하여 "하늘의 우리 아버지께서 완전하신 것처럼" 우리도 완전해야 한다는 반론을 펼칩니다.

마태오복음 5,48에 나오는 예수님 말씀의 그리스어는 텔레이오스 teleios 이지요. 완전이라는 의미를 지닌 이 단어는 온전히 목표를 향하여 나아가는 것을 의미합니다. 예수님께서 완벽한 사람이 되어야 한다는 의미로 말씀하신 것이 아니지요. 예수님께서는 기도 안에서 자신이 하느님의 자녀라는 것을 체험한 사람은 새로운 태도를 취할 능력이 있다는 것을 보여 주신 것입니다. 새로운 태도를 취함으로써 하느님께 참여할 수 있고 하느님이 어떤 분이신지 체험하게 됩니다. 기도만이 아니라 우리의 태도 역시 하느님을 체험하게 해요. 반대로 참된 하느님 체험은 참된 태도와 행동으로 인도하지요. 예수님께서 언급하신 완전한 사람이란 잘못이 전혀 없는 사람을 의미하는 것이 아니라 하느님의 성령에 힘입은 새로운 사람, 그래서 원수까지도 사랑할 능력이 있고 인간 사회에 존재하는 균열을 극복할 수 있는 사람을 의미합니다.

영적 삶에서 공격적인 태도를 취하는 원인이 혹시 엄격하고 일방적인 교육에 있거나, 가정에서 모범적인 남성상이 결여되었기 때문은 아닌지요?

아버지의 부재가 영적 삶에서 공격적인 태도를 취하게 하는 원인 중 하나인 것은 분명합니다. 질서 짓는 힘을 가진 존재로서의 아버지를 체험하지 못한 사람은 구원을 가져오는 좋은 질서에 대한 감각이 부족하지요. 그런 이들에게는 질서 있는 삶에 필요한 것이 결핍되어 있어요. 자긍심과 용기를 불러일으키는 존재로 아버지를 체험하지 못한 사람은 자부심을 줄 대체물로 엄격한 규범을 찾습니다. 그래서 대단히 경직되어 있고 타협을 모르는 사람이 되지요. 이런 이들을 돕고자 할 때 그의 공격성에 맞서서는 안 됩니다. 공격적인 사람은 부드럽게 접근해야 하고, 아버지의 부재로 생긴 결핍을 어떻게 해소할 수 있을지 그리고 자기 자신을 있는 그대로 어떻게 받아들일 수 있을지, 그 길을 알려 주어야 해요.

신부님께서는 억압된 욕망은 경직된 양심을 낳는 원인이 된다고 저술하셨지요. 이 생각에 대해 좀 더 자세하게 말씀해 주시겠어요?

심리학적 법칙이 하나 있는데, 그것은 내가 나의 욕망을 거슬러 싸우는 데에 동원한 공격성은 나의 양심에 깊이 새겨진다는 것입니다. 이것은 무엇보다 성욕을 억압하는 것에 적용되지요. 자신의 성욕을 공격적으로 억압한 사람은 무자비한 심판관이 되어 자신뿐만 아니라 다른 사람에게도 그러는데, 막상 자신은 그런 사실을 잘 모를 경우가 많아요. 스위스인 심리치료사 푸러Furrer 는 이렇게 말합니다. "폭력성은 언제나 억압된 성욕이다." 그리스도인들 중에도 이런 문제를 지닌 사람이 다수일 겁니다. 신심이 깊다는 사람들 중에 공격적인 성향을 드러내는 사람들이 있지요. 그들 안으로 억압된 성욕은 다른 사람들을 비윤리적이고 게으르다고 공격하면서 분출됩니다. 또한 스스로 신심이 깊다고 생각하는 많은 근본주의자들은 자신들과 같은 생각을 가지지 않았거나 자신들이 옳다고 생각하는 것과 다른 형태의 삶을 사는 그리스도인들을 폭력적으로 대하기도 합니다.

경직된 양심 외에도 소심하고 두려움이 많은 양심도 있습니다. 이러한 경우도 동일한 문제로 보아도 되나요?

그렇습니다. 소심하고 두려움에 찬 양심은 자학적인 공격성의 한 형태이지요. 이런 사람은 자기 자신을 지속적으로 심판합니다. 내가 아는 소심하고 주저함이 많은 그리스도인들은 언제나 다시 자신의 성욕 주위로 배회하지요. 예를 들어 이들은 미사 때나 기도생활을 할 때에도 성적 환상이 일어나는 것에 대해 자기 자신을 몹시 못마땅해 하지요. 그래서 자주 고해성사를 하거나 성욕에 대한 잦은 상담을 요청하여 사제를 괴롭히는 것으로써 자신의 억압된 성욕을 해소하는데, 본인은 그렇다는 사실을 인지하지 못합니다.

그런 엄격함이 영성적인 삶을 살고자 하는 사람에게서 자주 일어나는 이유는 무엇인가요? 이들은 필요한 종교적 지식을 충분히 갖추고 있고 하느님은 자비하신 분이라는 사실도 잘 알고 있을 텐데요.

우리는 내가 의식하는 하느님 표상과 의식하지 못하는 하느님 표상 사이에 차이가 난다는 사실을 고려해야 합니다. 의식적으로는 자비하신 하느님께 대한 믿음을 지니고 있지요. 그러나 우리의 무의식 안에는 어린 시절에 지녔던 다양한 표상들이 여전히 자리잡고 있습니다. 모든 것을 기록해 두는 하느님, 자기 멋대로 하는 하느님에 대한 표상이 그것이지요. 하느님에 대한 왜곡된 표상은 종교적인 교육에서보다는 아버지나 어머니와의 체험에서 유래합니다. 어린 시절의 원초적인 체험이 신학적인 통찰보다 더 강한 힘을 발휘하는 것이지요.

구체적인 예를 들어주실 수 있나요?

이미 언급한 대로 어머니 아버지와의 체험 자체를 자주 하느님께 투사합니다. 예를 들어 아버지를 신뢰할 만한 존재로 여기지 못할 때 하느님께 대해서도 근본적으로 불신하는 경향을 갖게 됩니다. 그래서 자신의 계획을 하느님께서 엉망으로 흩어 놓아 아무것도 할 수 없게 할 것이라는 느낌을 지니고 있어요. 건강하지 못한 이런 투사는 그 사람의 어린 시절의 원초적 경험에까지 내려가서 시작해야만 치유될 수 있지요. 그 밑바닥에 있는 경험들을 재점검해 보아야 투사하는 것들로부터 거리를 유지할 수 있게 됩니다. 삶을 병들게 하는 이러한 표상들을 자신의 영혼으로부터 몰아내는 데에는 공격성도 필요합니다. 이런 방식으로만 성경에 있는 치유의 표상들을 위한 공간을 마련할 수 있어요.

성경에 나오는 어떤 표상들이 치유의 힘을 지니고 있나요?

앞에서 말한 마음 깊은 곳에 있는 아버지나 어머니와의 체험 외에도 우리 안에는 하느님께 대한 전형적인 표상이 있어요. 이것은 인간적인 체험을 넘어서는 것이지요. 이런 하느님 표상들이 지닌 치유의 힘을 성경은 우리에게 보여 줍니다. 대표적인 것으로 구약성경의 시편이나 예언서에서 당신의 백성 전체와 개개인을 용서하시는 하느님의 어머니와 같은 사랑을 알려 주는 구절들이라고 할 수 있어요. 예수님은 심판하는 하느님이 아니라 우리에게 용기를 불어넣어 주시는 하느님을 보여 주십니다. 예수님은 길을 잃고 잘못을 범한 아들을 안아 주는 분으로, 하느님을 잃은 이들이 당신께 돌아오기를 기다리는 분으로 소개하지요. 성경에 나오는 치유의 표상들은 하느님을 자녀들에게 필요한 것을 주시는 아버지로 제시하고, 다른 편으로는 피난처와 안식처, 고요와 고향을 제공하는 어머니로 제시합니다. 동시에 하느님은 혈육의 부모님들이 지닌 모든 가치를 훨씬 넘어서는 뛰어난 분이시라는 것을 제시하지요.

지난날의 교회가 하느님은 두려움을 불러일으키는 무서운 분이라는 잘못된 표상을 형성하는 데에 기여하지 않았나요?

그런 문제는 구별을 잘 해야 합니다. 전술 교회가 하느님께 대한 어떤 특정한 표상을 만든 적은 결코 없어요. 하느님에 대한 특정한 표상은 언제나 구체적인 어떤 사람들이 만들었지요. 그러나 교회가 그런 잘못된 하느님 표상들을 신학을 통해 두려움 강조하고 지지했던 것은 사실입니다. 두려움을 확산시키는 자는 그것을 통해서 사람들에 대한 권력을 확보합니다. 사람에게 양심의 가책을 불러일으키는 자는 궤변적이게도 그에 대한 권력을 행세하지요. 불행하게도 교회도 이러한 유혹으로부터 자유롭지 못했어요.

사제들 중에서도 바람직하지 못한 하느님 표상을 확산시키는 사람이 있어요. 하느님 앞에 두려움을 지닌 사제가 자신이 가진 두려운 표상들을 다른 사람들에게도 전달합니다. 나는 현실에 단단히 바탕을 둔 신학을 공부하여 이론적으로는 하느님의 자비에 대해 믿지만, 무의식 속에는 하느님이 폭군도 될 수 있다는 두려움을 지니고 있는 많은 사제들에 대해 알고 있어요. 그분들은 올바른 신학을 배웠음에도 불구하고 하느님께 대한 잘못된 표상을 확산할 우려가 있지요. 교회사적으로 좋은 신학자들은 대부분 하느님께 대한 올바른 표상을 지니고 있었다는 것을 확인할 수 있습니다. 다른 한편으로 하느님의 말씀에 대해 잘못된 가르침을 전달한 사람들이 대단히 많았다는 것도 알 수 있어요. 그들은 두려움을 불러일으켜 제멋대로 하는 권력을 획득하기 위해 하느님을 앞세운 것이지요.

그러나 일반적으로 두려운 존재로서의 하느님 표상을 갖게 하는 첫 번째 원인은 어린 시절의 교육에 있다고 말할 수 있습니다.

하느님께 대한 잘못된 표상들은 윤리 문제에 있어서 지나치게 엄격한 기준과 연결되는 경우가 많습니다. 영적 삶에서 경직된 엄숙주의로 넘어갈 위험은 어디에 있다고 생각하십니까?

경직된 엄숙주의는 사람의 내면을 압박하여 분열시키면서 병들게 하지요. 엄숙주의는 또한 사회와 교회 안에 분열을 일으킵니다. 엄격한 사람들은 공동체를 이루지 못하기 때문입니다. 교회는 본질적으로 공동체이기 때문에 이러한 문제에 대해 눈을 감을 수 없습니다. 엄격한 사람들만 받아들인 수도공동체들은 내적 투쟁으로 이내

부서지고 말아요. 그러므로 엄숙주의의 원인들을 밝혀 보는 것은 최종적으로는 교회의 미래가 걸린 일입니다.

신부님이 저술하신 책들 중에 『자기 자신 잘 대하기』라는 제목을 지닌 것이 있어요. 그러나 교회 안에서는 이러한 말보다 오히려 자기 부정, 겸손, 단식, 십자가 등과 같은 말을 자주 말합니다. 자기 자신을 잘 대해야 할 이유는 무엇인가요?

루카복음에서 예수님은 다음과 같이 말씀하셨어요. "너의 아버지께서 자비하신 것처럼 너희도 자비로운 사람이 되어라"루카 6,36. 자비로운 사람이 되는 것은 자기 자신을 잘 대하는 것, 가난한 자, 약자, 소외된 자를 위한 따듯한 마음을 가지는 것을 의미하지요. 자기 자신을 잘 대한다는 것은 자비로운 사람이 되는 것에 대한 다른 표현입니다. 복음은 "나는 봉헌제물보다는 자비를 원한다." "네 이웃을 네 자신처럼 사랑해라." 하는데, 이 말씀은 예수님의 인격이 지닌 특성을 표현한 말이면서 동시에 그리스도인이 어떤 태도를 취해야 하는가를 알려 주는 가르침이지요. 네 이웃을 너 자신처럼 사랑하라는 나 자신을 사랑할 때에 비로소 다른 사람을 사랑할 수 있다는 것이지요.

이기적인 사랑과 올바른 자기 사랑을 어떻게 구분할 수 있나요?

이기적인 사랑이란 개념은 완전히 다른 것으로서 내가 오직 나 자신에게만 맴도는 것을 의미합니다. 이웃을 사랑해야 한다는 다른 측면을 전혀 실천하지 않은 채 자기 자랑만을 절대화하는 것이지요. 이러한 것도 일방적이고 분열을 불러일으킵니다. 자기 사랑과 이웃 사랑을 고루 잘 실천하는 사람이 건강한 삶을 살고 생기를 유지합니다.

"자기 자신을 잘 대하기"는 구체적으로 무엇을 의미합니까?

그것은 자신의 모든 바람과 욕구를 포기하는 것을 의미하는 것이 아니지요. 만약 그렇게 한다면 아무것도 하지 못하게 될 것입니다. 자신이 원하는 것을 즉시 성취해야만 하는 사람도 결코 강한 "자아"를 형성할 수 없어요. 자기 자신을 잘 대한다는 것은 근본적으로 자신의 존재를 받아들이는 것이어요. 그렇게 할 때에만 자기 자신을 변화시킬 수 있고 자기 안에서 어떤 것이 성장해 가도록 할 수 있어요. 자기 자신을 잘 대하는 것이 자신이 처한 상태에 그대로 머무는 것을 의미하는 것이 아닙니다. 그 반대로 내 안에 있는 어떤 좋은 가능성이 성장하여 점점 명백히 드러나는 것을 신뢰하는 것입니다. 이러한 일이 실제로 이루어지도록 나 자신에게 자비롭지 못한 것에는 분명한 선을 그어야 하지요.

자기 자신을 받아들일 필요성에 대해 C. G. 융도 서술한 바 있습니다. 융에게 있어서 자기 자신을 받아들이는 것은 그리스도를 따르는 한 형태이지요. 융의 이러한 생각에 신부님도 동의하시는가요?

"자기 자신을 받아들이는 것"은 예수님께서 요청하시는 자기 사랑의 심리학적 측면입니다. 융은 예수님이 하신 요청 중 중요한 한 부분을 자신의 심리학적 언어로 옮겨 놓은 것이지요. 이러한 점에서 저는 융과 일치하고 있어요.

사제들과 수도자들 중에서 내적으로 화해를 하지 못하고 분열되어 있는 사람이 있는 것을 여전히 체험하시나요?

그렇습니다. 수십 년에 걸쳐 하느님의 자비에 대해 선포한 사제들 중에 내적으로 불만족스럽고 불행을 느끼는 사람들이 있는 것에 대해 때로는 놀라기도 합니다. 그리고 수십 년이나 병자들을 위해 수고를 하면서 고령에 이른 수녀님들 중에서도 심한 불행에 빠져든 사람을 만나는 경우도 있어요. 이러한 현상은 그들이 자기 자신과 자신의 욕구들을 잘 다루지 못함을 말해 줍니다. 다른 사람들을 위해서만 일하면서 자신의 욕구들에 대해서는 소홀히 한 사람에게는 그 억압된 욕구들이 언젠가는 강한 힘으로 반작용을 일으켜 그를 고통스럽게 하고 실망과 불행에 빠져들게 하지요. 이런 이들은 어느 날 갑자기 자신이 이기적이라면서 경원시한 눈빛으로 보던 보통의 일반 사람들보다 더 이기적인 태도로 돌변합니다. 내적으로 분열되어 있고 분열된 상태가 밖으로 표출되는 사람을 흔하게 보게 되지요. 내면적으로 분열된 사람들이 공동체도 분열시킵니다. 신심은 충분한데 자신과 타인을 자비롭고 따뜻하게 대할 능력이 부족한 사람도 있어서 놀라기도 합니다.

일반적인 인간관계를 맺을 능력이 없는 사람은 영적인 삶을 사는 방향으로 나아가야 하나요?

보통의 인간관계 맺기가 어려운 젊은이들만이 성소의 길로 나아가
간다면 이것은 큰일입니다. 관계를 제대로 맺을 수 없는 자신의 무능
력을 독신제도를 절대화하는 것으로 보상하려 할 것입니다. 이런 경
향은 예수님께서 이해하시는 하늘나라를 위한 독신생활마태 19,12 참조
이 의미하는 바가 아니지요. 하늘나라를 위한 독신생활은 인간관계
를 잘할 수 있는 사람만이 살아갈 수 있어요. 그렇다고 성소를 찾는
젊은이가 완전히 성숙되어야만 하는 것도 아니지요. 다만 성장할 마
음의 준비는 되어 있어야 해요.

**신부님은 신심이 깊다는 사람들이 무자비한 것을 보고 놀란 적이 있다고 말씀하
셨지요. 어디서 이런 사람들을 만나셨습니까?**

강의 도중에 타인에게 험한 말을 마구 하는 사람들을 만나곤 합
니다. 또한 안셀름 신부가 지옥에 가면 좋겠다는 편지를 써 보내는
사람들도 있어요. 그들 마음에 얼마나 강한 공격성이 들어 있길래 그
런가 하면서 매우 걱정하기도 하지요.

**신부님은 "바리사이들이 다른 사람이 계율을 지키는지 아닌지 관찰한 것처럼 그
와 유사하게 사람들을 살피는 사람은 그들을 죽이는 행위를 하는 것이다" 라고
쓴 적이 있습니다. 이 말씀은 대단히 강한 것 같습니다.**

이미 말씀드린 대로 공격성은 가까운 관계와 먼 관계를 알려 주
는 역할을 합니다. 공격성은 나로 하여금 다른 사람에 대한 일정한
거리를 유지하게 하고 그들이 나의 삶에 지나친 영향력을 행사하지

못하도록 하는 힘입니다. 공격성은 나에게 상처를 준 사람을 내 안에서 꺼내어 밖으로 던져 버려서 그와 거리를 유지하는데 도움이 되지요. 이러한 방법으로 나에게 상처를 주고 나를 압박한 사람에 대한 부정적인 감정을 지우게 됩니다. 그러나 내가 공격성에 머물러 있어서는 안 됩니다. 나에게 상처를 준 사람과 적절한 거리를 유지하게 되면 그를 용서해야 합니다.

그를 즉시 용서해야 하는 것은 아닌가요? 그리스도교는 공격성이 아니라 용서를 가르치지 않습니까?

옳은 말입니다. 공격성은 용서로 나아가는 길 중 하나이지요. 그런데 용서는 화를 내기 시작하는 단계에서가 아니라 화를 가라앉히는 마지막 단계에서 하는 것이지요. 용서는 화를 극복하게 하고 다른 사람과 화해하게 합니다. 용서한다는 것은 상처를 준 행동이 더이상 나에게 머물도록 하지 않고 그 행동을 한 사람에게 돌아가게 하는 것을 의미해요. 용서한다는 것은 이래요, "너는 너 자신 그대로 존재할 수 있다. 너의 행동이 나에게 아픔을 주었다. 그러나 나는 그 행동을 네게 돌려준다. 나는 네게 더이상 어떤 비난도 던지지 않는다. 나는 네가 평화를 회복하기 바란다." 이와 같거나 비슷한 말을 제대로 할 수 있기 위해서는 먼저 그 사람과 일정한 거리를 확보해야 합니다. 자신의 상처에 여전히 칼이 꽂혀 있는 동안에는 그 칼을 휘두른 사람을 용서하기가 대단히 어렵지요.

공격성은 분명히 용서하고만 관련된 것이 아닐 것입니다. 그리스도적 공격성에 대한 다른 예를 들어주실 수 있을까요?

성인 중에도 공격성을 표출한 분이 적잖이 계십니다. 공격성을 배제하고는 사람들과 하느님 나라를 위해 그토록 온 생을 다하여 헌신할 수 없었을 것입니다. 교회의 쇄신을 위해, 사람들의 복지를 위해, 평화와 정의를 위해 온 정열을 다 바쳐 일한 사람은 자신의 공격성을 긍정적으로 활용한 사례입니다. 자신의 역할을 지속시키는 힘이 되지요. 그 과정 중에 자기 자신을 정확하게 관찰해야 합니다. 그렇지 않으면 불쾌감에 젖을 수가 있어요. 불쾌감에 젖는다면 자신을 거스르는 공격성이 작용하도록 방치하고 있다는 경고입니다. 내가 투쟁해야 할 대상에게도 정의롭게 대하고 있는지, 존중과 사랑으로 대하고 있는지 등 자신을 봐야만 하지요. 그렇지 않으면 공격성이 파괴적인 힘이 됩니다.

공격성을 방법으로 삶의 공간을 넓히는 다른 예를 들지요. 예수님께서도 누구나 다 돕지 않으셨다는 사실을 떠올려 봅시다. 예수님은 자기 자신을 돌보기도 했어요. 이 사실에 대한 인식은 제게 아주 중요한 요소입니다. 나는 하느님이 아니기에 무제한적으로 줄 수는 없는 존재입니다. 한계를 그을 줄 알아야 다시 수용할 수 있어요. 자신을 숙고하기 위한 시간이 필요하고 내 안에서 움직이시는 성령의 원천과 접촉하기 위해서도 시간을 필요로 합니다. 다른 사람들을 위해 존재하고 그들에게 도움을 주는 것에서 기쁨을 느끼는 것은 좋은 일이지요. 그러나 경직성과 불편함을 느끼는 순간이 오면 나의 한계를 인정할 의무가 있습니다. 한계를 설정하는 것은 이기주의를 작동시키는 것이 아니라 이웃 사랑의 한 표현이지요. 나는 나 자신에게 한계를 지키라고 권합니다. 그렇게 해야 지속적으로 줄 수 있는 능력을 갖게 됩니다.

심리학의 일부 학파들은 자기 인식과 자신의 한계와 부족함과 더불어 자기 자신을 수용할 것을 요청합니다. 달리 말하자면 사람은 자신이 지닌 고유한 가치를 알아야 한다는 것이지요. 자기 자신의 가치에 대한 느낌을 상실한 것은 오직 현시대의 특징인가요?

모든 시대에 걸쳐 인류는 자기 자신의 가치에 대한 인식의 부족으로 고통을 받아왔지요. 작은 키 때문에 열등의식에 시달리는 것을 가능한 한 많은 돈을 모으는 것으로 상쇄하려 했던 자캐오 이야기가 이런 예를 보여 주고 있습니다. 예수님은 아무런 조건도 없이 자캐오를 받아들여 그의 위신을 살려줌으로써 그를 치유했지요. 그렇게 하여 자캐오가 재산의 절반을 가난한 사람들에게 나누어주게 하는 결과를 낳았습니다.

그리스도교적 치유와 순수 심리학적 치료를 근본적으로 어떻게 구별할 수 있습니까? 심리학적 치료는 더 높은 어떤 존재나 가치에 대해 고려하기보다는 결국 자기 자신을 받아들이는 것이지요.

우리의 내면의 것들을 아무런 선입견 없이 있는 그대로 고찰하는 것은 매우 어렵고 중요한 일입니다. 그것을 보면서 즉시 어떤 해석을 해야 한다는 조급함을 가질 필요는 없어요. 있는 것은 있는 그대로 이지요. 우리는 그것을 있는 그대로 받아들여야 합니다. 그러나 다음 단계의 질문은 이러해야 합니다. 내가 어떤 방향으로 성장하길 원하는가? 이 단계에서 그리스도교적 이상은 중요한 역할을 수행하지요. 점점 더 자신은 하느님께서 나를 빚으실 때 하신 유일무이한 나 자신이 되어 가야 해요. 나의 삶에서 예수님 모습의 어떤 부분을 비추어 내야 합니다만, 생각 없이 단지 모방만 하려고 해서는 안 되지요. 예수님을 닮으려는 것은 나를 성장하게 하고 변화하게 합니다.

그리스도교적 치유에서 중요한 것은 단순히 자신을 잘 대하고 평안하게 느끼는 수준에 머물러서는 안 된다는 것입니다. 이 세상에 내가 태어나게 된 이유에 대해 질문해야 합니다. 내가 이 세상으로 파견된 것은 어떤 이유에서일까? 나의 성소는 무엇일까? 나는 어떤 과제를 성취해야만 하는 것일까? 이러한 질문들은 나를 나 자신으로부터 분리시켜 자유롭게 합니다. 나는 이 세상에 유일무이한 자취를 남김으로써 나의 삶의 열매를 맺어야 해요. 자취를 남기기 위한 최우선적인 사항은 많은 업적이 아니라 나를 통해서만 빛을 비추어 낼 수 있는 세상을 밝히는 일들입니다. 그리스도교적 처방의 역할은 하느님께서 본래 계획하신 원초적이고 왜곡되지 않은 나 자신으로 성장해 가도록 돕는 것입니다. 예수님의 다음 말씀으로 매듭을 지을 수 있습니다. "그리스도는 그러한 고난을 겪고서 자기의 영광 속에 들어가야 하는 것이 아니냐?" 루카 24,26 세상에서 겪는 모든 갈등과 압박을 통해 나는 하느님께서 본래 계획하신 나 자신의 모습으로 성장해 나가야 하지요.

영혼의 건강에 큰 영향을 미치는 용서에 대해 조금 더 머물러 보지요. 용서를 할 수 있는 능력이 어느 정도까지 어린 시절의 체험에, 예를 들어 자신의 가정에서 용서를 받아 본 체험, 달려 있는 것인가요?

부모님으로부터 아무런 조건 없이 언제나 다시 받아들여진 사람은 지속적으로 거부 받은 사람보다 훨씬 더 쉽게 용서할 수 있지요. 그럼에도 불구하고 용서는 배워야만 하는 것입니다. 우리는 어린 시절에 의해 확정된 존재가 아니지요.

예를 들어 가족 안에서 용서가 어떠한 모습으로 진행되어야 양쪽 모두에게 의미가 있겠습니까?

공격성을 말할 때 한 내용을 되풀이해야겠어요. 먼저 나의 느낌, 아픔, 그리고 화까지도 진지하게 고려해야 합니다. 화는 다른 사람과 적절한 거리를 유지하게 하지요. 많은 수의 상처들은 남자와 여자가 충분한 거리를 유지하지 못하고 너무 가까이 있어서 감정의 혼란에 빠져들어 서로를 '감염시키는 것'에서 발생합니다.

용서는 네 단계로 완성됩니다. 첫 번째 단계는 상처로 인한 내면의 아픔을 다시 한번 바라보게 해야 합니다. 두 번째 단계는 직면하면서 일어나는 화를 허용하여 나에게 상처를 준 사람과 거리를 유지하는 것입니다. 세 번째 단계는 그 사람이 왜 그러한 행동을 했는가에 대한 원인들을 파악하는 것이지요. 네 번째 단계에서 참된 용서가 성립되는데, 나에게 상처를 준 행위를 그에게 돌려주어 내적으로 그 행위로부터 자유롭게 되는 것입니다. 그리고 그 대상도 평화를 누리도록 그를 위해 기도해야 합니다. 그러면 나는 나의 삶과 화해를 한 것이 됩니다.

용서는 타인에게서 받은 행위로부터 나를 자유롭게 하므로 무엇보다 나를 건강하게 합니다. 상처를 준 사람을 계속 용서할 수 없을 경우 나는 아직도 그 사람과 결합되어 있는 것이지요. 적지 않은 수의 사람들이 용서할 수 없어서 건강을 끝까지 회복하지 못합니다. 용서를 할 수 있기 위해서는 현명한 길을 선택해야만 하지요.

어떻게 하면 자기 자신을 용서할 수 있을까요? 어떻게 하면 자기 자신을 다치게 하는 악순환의 고리를 끊을 수 있나요?

많은 사람들이 자기 자신을 용서하지 못하고 있는 것은 사실입니다. 이들은 용서받기 위해 고해성사를 합니다만 마음 깊은 곳에서는 자신을 지속적으로 비난해댑니다. 자신을 용서한다는 것은 자신이 완벽한 사람이라는 환상을 버리는 것을 의미해요. 이것은 또한 겸손에 이르게 합니다. 자신을 지나치게 이상적인 존재로 생각하여 자신을 용서할 수 없는 사람들도 많지요. 자신을 용서하려면 이상적인 자아상을 버려야만 합니다. 그런데 그 환상을 꼭 붙들려고 하니 변화될 수 없지요.

하느님께서 나를 용서하심을 믿고 체험할 때에만 나를 용서할 수 있지요. 그러나 나는 고해성사를 줄 때 많은 경우 이렇게 말합니다.

"지금 하느님께서 당신을 용서하셨다면 당신도 당신 자신을 용서해야 합니다. 그렇지 않으면 하느님께서 당신을 용서하셨다는 사실을 참으로 믿지 못할 것입니다." 자신을 용서한다는 것은 자신의 죄의식에서 벗어나고, 자신에게 가한 비난을 그치고, 잘못을 저지른 자기와 현재의 자신을 있는 그대로 받아들이는 것을 의미합니다.

신부님이 저술한 책들 중에, 꿈이 영적 삶에 미치는 의미에 대해 다룬 책이 있습니다. 그리스도인은 자신이 꾸는 꿈에 대해 어느 정도까지 생각해야 합니까? 꿈이 그리스도인에게 도움 되기라도 하는 것인가요?

성경에서 꿈은 하느님의 언어입니다. 하느님께서 인간에게 가르침을 주시기 위해 그의 꿈속에 천사를 보낸다고 할 수 있지요. 꿈은 내가 어떤 상태에 있는가를 나에게 보여 줍니다. 꿈은 나의 참모습을 열어서 나에게 보여 주는데 특히 나의 무의식 세계를 보여 주지요. 어떤 꿈들은 내가 어떤 방향으로 영적 길을 걸어가야 하는지 보여 줍니다. 예언으로 가득한 꿈들도 있어요. 이런 꿈은 더 나아가 내가 이미 나의 길을 많이 걸어왔음을 보여 주지요. 예를 들어 한 아이에 대해 꿈을 꾸면 이것은 내 안에 어떤 새로운 것이 자라고 있음을 의미합니다. 그리고 나의 믿음을 강하게 하는 종교적 꿈도 있어요. 꿈속에서 빛이나 상징들 안에서 - 교회의 상징과 같은 - 가까이 다가와 구원하시는 하느님을 체험하거나 어느 날 갑자기 듣게 된 말씀들 안에서 하느님을 체험합니다. 그리스도인의 영적 삶의 여정에서 꿈을 존중하는 것은 언제나 중요한 일이어요. 하느님께서 영혼의 깊은 곳을 밝히고 변화시키기를 원하시기 때문입니다.

예를 들어 자기 양심의 소리에 좀 더 귀를 기울이면 자신의 공격성을 잘 조절할 수 있다고 말할 수 있나요?

무의식의 세계로 들어가는 문을 가진 사람이 오늘날 이전보다 훨씬 더 많아졌습니다. 이들은 꿈, 심리학 그리고 이와 같은 종류들에 대해 관심을 갖고 시간을 투자하지요. 관리자들을 위한 피정을 지도할 때, 자신의 무의식 세계에 대해 고려해야 한다는 사실을 알게 합니다. 그렇게 하지 않으면 자신 안에 억압해 둔 공격성이 쉽게 다른 사람들을 상대로 발휘되어요. 또 자신의 무의식의 세계로 들어갈 문을 알지 못하는 사람들도 많습니다. 이들은 자신의 공격성을 억압하는데 그것은 오래지 않아 밖으로 분출되고 말지요. 이들은 무엇인가를 파괴해야만 자신이 활발히 살아 있다고 느낍니다. 그러나 바깥 세계를 향해 분출한 공격성은 동시에 자신의 영혼을 다치게 하지요. 폭력이 증가하는 것은 오늘날의 세상이 병들어 있다는 것을 알려 주는 표지이고 병든 영혼의 표현이기도 합니다.

7
사막의 교부들
그리고 교회 전통에서 길어 올린 지혜

신부님은 오늘날의 사람들이 이전의 사람들보다 하느님과 인격적인 관계를 쌓아가는 것이 건강한 전통의 결여로 어렵다는 말씀을 하신 적이 있습니다. 건강한 전통의 결여란 전통적 가정의 분위기가 약화된 것을 의미하시는 것인지 영성적 전통이 약화된 것을 말씀하시는 것인지요?

가정에서의 종교 교육과 건강한 영적 전통 모두 하느님과의 인격적인 관계를 맺는 일에 중요합니다. 어떤 사람이 어린 시절에 하느님께 대해 어떤 교육이나 경험도 없었다면 하느님과 친밀한 관계를 맺는 것이 쉽지 않지요. 그러할 경우에는 하느님을 알려고 하는 노력이 이성적인 것으로만 나아가든가 아니면 피조물에서나 예술작품 또는 일반적인 삶에서 벗어나는 특별한 체험을 통해서 하느님을 경험하는 방향으로 나아갑니다. 건강한 영적 전통은 하느님을 올바로 바라보는 데에 도움을 주지요. 우리가 하느님께 대해 어릴 때 지녔던 유아적인 표상들로부터 벗어나서 모든 표상 넘어 계시는 하느님께 열린 마음을 지니도록 해 줍니다.

건강한 영적 전통 외에 건강하지 못한 영적 전통도 있습니다. 이러한 전통은 신심 깊은 자세를 취하는 것 같지만 실제로는 올바른 정신은 상실하고 형식에만 매달리게 합니다. 어떻게 하면 이 두 전통을 잘 구분할 수 있을까요?

건강한 종교적 전통은 무엇보다 실존적 체험에서 성립합니다. 건강한 신학은 본질적으로 체험에 대한 숙고이지요. 우리의 전례가 영성적 체험에 바탕을 두고 있다고 한다면, 우리는 늘 치유를 가져오는 건강한 전통에서 영성을 길어 올리게 되는 것입니다. 우리의 신학이 과거와 현재의 사람들이 체험한 내용을 숙고해서 나온 것이라면, 신학은 우리의 삶을 좀 더 잘 이해하는데 도움이 될 것입니다. 좋은 영적 신학적 전통은 체험이 지닌 보물을 보존하고, 이 보물들은 의식에서, 수련생활에서, 영성적 생각들 안에서 스스로를 표현합니다.

이와 반대로 건강하지 못한 종교적 전통은 오직 외적 형식과 신학적 이론에만 기초를 두고 있습니다. 체험에 의한 것이 아니지요. 외적인 것을 되풀이해서 행합니다만 그 동기가 올바른 체험을 통해 내적 성장을 위한 것이 아니라 두려움에 빠져들어서 다른 사람보다 윗자리를 차지하기 위해서 행합니다. 이런 전통은 생명으로 인도하는 것이 아니라 두려움과 쇠락으로 몰아갑니다. 건강하지 못한 전통을 중요시하는 사람은 배타적이고 현대 세계에 대해 끊임없는 비난을 해대지요.

신부님은 저서에서 자주 사막의 교부들을 언급하십니다. 이분들의 문헌을 처음 알게 된 것은 언제쯤인가요?

1964년 즈음, 수련기 시절에 처음으로 사막의 교부들에 대해 들었어요. 그러나 이국적이고 낯선 존재들로 당시엔 별로 와닿지 않았지요. 1975년에 형제들과 앞에서 이미 언급한, 기도를 중점적으로 다루는 피정을 위한 강의를 준비하던 중에 초기 수도자들이 지닌 순수한 마음에 대해 고찰하게 되었지요. 그때 교부들의 문헌에 숨어 있는 풍부한 체험의 보화를 발견했어요. 이때부터 다른 관점으로 수도회 전통에 접근했습니다. 이 경험 이전에 칼 융의 저술들을 많이 읽었어요. 융이 사막의 교부들이 지닌 지혜에 나의 눈을 열도록 했지요. 융이 이들에 대해 쓴 책은 없지만 말입니다.

기원후 3세기에서 6세기 사이를 살다 간 사막의 교부들이 지녔던 영성은 우리의 현실과는 매우 동떨어진 것으로 보입니다. 다른 한편으로 몇 년 전부터 불교의 오래된 경전 구절을 인용하는 것이 일종의 유행이 되었습니다. 오늘날 사막의 교부들이 지녔던 지혜에 대한 관심이 새롭게 일어나고 있어요. 우리가 하필이면 제3의 천 년대를 시작하면서 이들을 고찰하는 이유는 무엇인가요?

사막 교부들이 지녔던 영성은 철저하게 직접적인 체험에 바탕을 두고 있어요. 여러 해 동안 혼자 사막으로 물러나서 은수자로 사는 사람은 자기 자신의 실제 모습을 대면하게 되지요. 사막의 교부들은 극단적으로 철저하게 자기 자신을 겪는 실험을 거쳤다고 말할 수 있습니다.

오늘날의 인류는 우주를 탐험하고 환경을 탐구하는 데에만 열광하는 것이 아니라 사람의 영혼이 지닌 신비를 들여다보는 일에도 열을 올리고 있지요. 이러한 인류에게 유일하고 독특한 가능성이 주어졌는데, 그것은 바로 사막의 교부들이 한 극단적이고 풍부한 체험을 활용하는 것입니다. 사막의 교부들은 체계적인 이론을 전개한 것이 아니라 자신의 직접적인 체험을 이야기했어요. 그러면서 자신을 중요한 위치에 놓지도 않았지요. 사람들은 이들의 말 속에서 힘을 느끼고 동시에 지혜와 부드러움도 느낍니다. 사막의 교부들은 강한 자기 수련을 통해 경직되지 않고 자비롭고 부드럽게 되었지요.

이들이 어떤 점에서 시대를 넘어 통할 수 있는 인간에 대한 통찰을 가졌나요?

사막의 교부들이 인간에 대한 통찰을 가지게 된 것은 영혼의 모든 측면을 철저하게 탐구하면서도 낙담하지 않은 것에 있지 싶습니다. 이들은 인간의 영혼에 대해 알게 된 지식을 평가하기보다, 하느님과의 관계 안으로 가져가서 하느님의 빛이 영혼의 모든 부분을 비추어 변화하게 했어요.

또 하나의 중요한 측면은 초기 수도자들은 인간의 참된 가치는 기도 안에 기초를 두고 있는 것으로 본 것입니다. 저는 수도자들이 저술한 문헌에서 하느님께 대한 깊은 동경과 인간의 가치에 대한 큰 기쁨을 발견해요. 우리는 기도 안에서 하느님과 일치할 수 있는 능력을 지녔다는 것이지요. 그러므로 사막의 교부들은 인간에 대한 긍정적인 시각을 제공합니다. 하느님 자신이 인간 안에 거주하시고 그와 하나가 되기를 원하십니다. 하느님과 일치하고자 하는 동경은 신비신학의 역사 전 과정 안에 들어 있어요. 하느님과의 일치를 향한 이러한 오랜 동경은 우리 시대에 우리 세상에서 새롭게 부각된 것입니다.

수도생활은 어떤 방식으로 발생했고 어디서 영감을 찾으며 체험들을 길어 올리는가요?

역사적으로 볼 때 사막으로 물러난 안토니오가 첫 번째 수도자였던 것으로 봅니다. 대략 기원후 290년 무렵이었습니다. 안토니오가 젊은 날 미사에서 다음의 성서구절을 들었어요. "네가 완전한 사람이 되려거든, 가서 너의 재산을 팔아 가난한 이들에게 주어라. … 그리고 와서 나를 따라라."마태 19,21. 예수님의 이 말씀이 그의 마음을 사로잡은 것이지요. 그는 모든 것을 팔아 나누어주고 은수자의 삶을 살기 시작했어요. 처음에는 마을 근처에서 살다가 얼마 후 폐허가 된 성채에서 살았고 마침내 깊은 사막으로 들어갔습니다. 수도생활은 예수님의 말씀에 대한 새로운 이해에서 발생했다고 말할 수도 있어요.

수도생활은 모든 문화와 종교에서 발생한 어떤 현상입니다. 그러므로 그리스도교의 수도생활도 비슷한 형태의 삶을 살았던 이들의 경험에서 길어 올린 것은 틀림없어요. 당시 이집트 사막에는 이미 피타고라스학파에 속한 단체들과 이집트 고유의 수련생활을 한 사람들이 살고 있었지요. 이들이 앞서 축적한 많은 체험들로부터 영감을 받은 것으로 짐작됩니다. 유대교의 에세네파의 수도생활이나 페르시아나 인도의 수도생활과도 결합되어 있었는지는 자료가 없어서 알 수 없어요. 어떠한 경우이든 그리스도교의 수도생활은 수도자로서 살고자 하는 인간의 원초적인 동경과 연결되어 있어요. 이러한 동경과 더불어 예수님의 말씀을 철저하게 실천하고자 한 것이지요.

신부님은 저서에서 당시 수도자들은 심리치료사였다고 서술하셨습니다. 오늘날 문제를 지닌 사람들이 심리치료사에게 가듯 당시 사람들은 수도자에게 갔다고 말할 수 있나요?

그 당시 수도자들이 사막으로 간 것은 심리치료사가 되기 위해서가 아니라 하느님과 만나기 위해서였지요. 그들은 고독과 침묵 속에서 하느님께 자신을 열어 드리기 위해 물러났던 것입니다. 그런데 당시의 대중들은 수도자들의 그러한 삶에서 깊은 영적 체험이 일어났다는 것을 인식했어요. 그래서 정기적인 성지순례가 발생했습니다. 오늘날 대중들이 심리치료사에게 조언을 구하듯이 수도자들의 아버지들에게 조언을 구했어요. 인간적인 문제들부터 삶의 의미에 대한 최종적인 것까지 답을 듣고자 했지요. 어떻게 하면 인간적인 삶을 성취할 수 있는가? 삶의 의미는 무엇인가? 기도는 어떤 작용을 하나? 내가 더이상 기도할 수 없을 때, 나의 욕망들이 나의 영성적 동경보다 더 강할 때, 나는 나의 체험들을 어떻게 다루어 가야 하나?

신부님은 심리학자들이 초기 수도자들의 체험과 방법들에 관심을 지니고 있다고

말씀하셨습니다. 무엇 때문에 이들의 체험과 방법들이 오늘날의 우리에게 흥밋거리가 되는 것입니까? 그것은 사막의 교부들이 오늘날 적용되고 있는 심리학적 지식과 방법을 이미 알고 있었기 때문인가요?

심리학자들은 근본적으로 믿을 만한 모든 인간적 체험에 관심을 갖지요. 초기 수도자들이 한 체험들은 오늘날 심리학적 실험과 분석으로 정리한 많은 체험들과는 다른 어떤 깊은 곳에서 우려내어 나온 것임을 알게 됩니다. 심리학자들은 바로 이런 체험들에 접근하려 해요. 이 안에서 새롭고 일반적이지 않은 어떤 것을 인식해 내기 때문입니다.

수도자들은 실제로 오늘날의 심리학적 지식을 이미 선취하고 있었어요. 영혼의 움직임을 매우 섬세하게 고찰했기 때문입니다. 수도자들은 사람이 가진 생각, 느낌, 이들이 지속적으로 이어가는 것, 생각과 느낌들이 내부에서 엮이는 것 그리고 작용들에 대해 성급한 판단을 하지 않고 있는 그대로 관찰하는 방법들을 발전시켰어요. 수도자들은 건강하게 살아가도록 하는 기술을 발전시켰지요. 사람을 건강하게 하는 의식들, 투명한 삶의 방식, 분명한 묵상과 기도 방법들을 개발하여 영혼을 건강하게 했습니다.

어떤 심리학자가 저에게 오늘날의 심리학은 새로운 설명모델을 발견하는 것에만 강한 관심을 가지고 있다고 알려 주었어요. 심리학은 인간의 영혼에 대해 점점 더 잘 이해해 나가고 있습니다. 그러나 심리학의 약점은 치료에 동원하는 방법으로 심리치료사를 만나는 것에만 오로지 의존하고 있다는 점입니다. 그런 말을 한 심리학자는 그대로 사람을 살도록 하는 것이 중요하다는 것을 깨달았다고 볼 수 있습니다. 안타깝게도 그런 깨달음에 이른 심리치료사는 드물다는 것입니다.

사막의 교부들이 저술한 문헌에서 제시하는 중심적인 요소는 금언들입니다. 사막의 교부들이 그러한 말씀을 한 경위는 어떠하며 그 말씀이 오늘날의 우리에게 무엇을 말해 준다고 보시나요?

사막 교부들은 조언을 청해 온 사람들에게 짧고 정확한 말씀으로 답을 주었습니다. 조언을 구한 사람들은 자신이 들은 답을 다른 사람들에게도 전했어요. 젊은 수도자들이 나이 많은 수도자들에게 조언을 구한 적도 많았지요. 시간이 흐르면서 이들은 자신이 들은 답들과 그러한 답을 듣게 된 주변 상황들에 대한 자료를 모았어요. 또한 사부 수도자들의 신비로운 지혜가 자신 안에 작용하여 순식간에 갖게 된 깨달음에 대해서도 서로 이야기했습니다.

교부들의 말씀은 매우 구체적입니다. 교부들의 말씀은 오늘날의 우리에게도 어떤 시도를 해 볼 것을 요청해요. 또한 우리 자신과 우리의 처지에 대해 늘 불평하고 논쟁만 일삼는 것을 막는 역할도 합니다. 짧고도 효과적으로 이렇게 말합니다. "너는 너의 삶을 변화시킬 수 있다. 그렇게 하려면 그것을 위해 무엇인가를 해야만 한다. 이러한 또는 저러한 수련을 시도해 보아라. 그러면 너는 그 수련이 너를 질서정연하게 하여 네 영혼이 치유되는 것을 경험하게 될 것이다."

신부님은 교회가 자체 영성의 초기 원천들과 관계를 맺는 것은 잘한 일이라고 서술하신 적이 있습니다. 그렇게 해야 교회가 영성을 향한 사람들의 동경에 지난 수백 년 동안 윤리에 주안점을 두었던 신학보다 더 나은 답을 줄 수 있을 것으로 서술하셨지요.

그렇습니다. 초기 교회의 신학은 일단 체험에 근거를 두고 있었고 다른 한편으로는 그림을 보는 것과 같은 어떤 표상을 떠올릴 수 있는 것이었어요. 그리스 교부들의 신학을 읽어 보면 그들이 표상들 안에서 생각을 했다는 것을 발견할 수 있습니다. 표상들은 하느님을 향한 창문을 우리에게 열어 줍니다. 표상들은 언제나 활동적이지요. 우리를 규정하지 않습니다. 사람들이 어떤 개념에 대해서는 서로 논쟁을 벌일 수 있지만, 표상들에 대해서는 전체적으로 바라보기만 할 수 있고 나아가 신비를 발견할 수 있습니다.

이러한 접근법은 대중들에게 도움이 됩니다. 대중들은 오늘날의 모든 개념과 모델이 얼마나 상대적인가에 대해 잘 알고 있어요. 표상들은 보는 이를 자유롭게 하면서 교부들의 신학과 영성을 스스로 들여다보게 하고, 스스로 깨닫게 합니다. 사람은 직접 보고 체험하고자 하지요. 보는 것은 - 그리스 사람들은 이러한 사실을 알고 있었는데 - 해방하도록 인도합니다. 볼 수 있도록 초대하는 신학은 우리의 자유를 존중해요. 이와 반대로 윤리를 강조하는 신학은 우리가 무엇을 해야 하는지 정확하게 서술하고자 합니다. 윤리적인 것을 강조하는 요청들은 성경과 하느님의 뜻에 바탕을 둔 것이라 할지라도 매우 상대적이고 인간적인 상상들과 두려움이 섞여 들어 있으며, 때로는 이러한 신학을 전달하고자 하는 사람 자신에 대한 권세를 행사하려는 의도가 숨어 있는 것을 우리는 자주 알아채지요.

신부님은 이와 관련하여 자주 아래로부터의 영성과 위로부터의 영성에 대해 말씀하셨지요. 이 두 영성의 주된 차이점에 대해 밝혀 주시겠습니까?

위로부터의 영성은 이상적인 것으로부터 출발합니다. 내가 수행해야만 하는 것, 성경이나 영성의 전통이 요청하는 것과 같은 것에서 출발하지요. 이러한 영성은 나름대로 자신의 가치와 권리를 가지고 있어요. 우리는 우리가 가진 가능성을 발견하기 위해 이상과 모범을 필요로 하기 때문입니다. 그러나 위로부터의 영성은 아래로부터의 영성에 의한 보충을 필요로 해요. 이것이 의미하는 것은 성경에 근거를 둔 하느님의 말씀에 귀를 기울이는 영성만이 아니라, 나의 생각과 느낌, 꿈, 육체, 일자리의 상황 그리고 사람들과 맺은 관계 속에서 전달하시는 하느님의 말씀에 귀를 기울이는 영성입니다. 만약 내가 너무 이상적인 존재를 닮아 가려고 노력해 나간다면 나 자신이 처한 현실을 무시할 위험에 빠져들 수 있지요. 내 안의 억압되었던 어두운 면으로 빠져들어 거기서 일어난 부정적인 반작용의 행동을 통해 드러나게 돼요.

그러므로 자신의 내면 깊이 자리한 열망들을 알아차리는 것은 매우 중요합니다. 나의 느낌들, 동경들, 꿈들을 하느님의 목소리로 나는 여기기도 합니다. 하느님은 나의 고유한 실재를 통해서 말씀하십니다. 하느님은 당신이 처음부터 원하시고 계획하신 나의 원형을 내가 살기를 원하시지요. 그런데 이런 본모습을 발견하기 위해서는 자신 안으로 깊이 들어가서 귀를 잘 기울여야 합니다. 그렇지 않으면 나의 이기적인 생각으로 왜곡된 나에 대한 표상이나 다른 사람들이 나에게 전가한 표상들을 따를 위험이 있기 때문입니다. 그리스 사람들은 이것을 프로크루스테스[1]의 이야기를 통해 적절하게 표현해 놓았습니다. 강도인 그는 만나는 사람마다 자신의 고정된 틀 안에, 즉 프로크루스테스 침대에 눕힙니다. 침대보다 짧은 사람은 사지를 잡아당겨 늘여 놓지요. 너무 긴 사람은 잘랐어요. 두 경우 모두 사람은 죽고 맙니다. 그러므로 위로부터의 영성과 아래로부터의 영성 사이에 건강한 긴장이 있어야 합니다. 양극을 모두 보는 사람만이 자신의 실재와 하느님의 뜻을 올바로 인식하여 하느님께서 원하시는 유일무이한 본래의 자기 자신을 구현할 수 있습니다.

신자들 중 일부는 유혹 자체가 이미 죄에 해당되는 것으로 여기고 마음의 고통을 받습니다. 수도자들이 유혹을 긍정적으로 고찰한 것은 흥밋거리입니다.

그렇습니다. 신자들 중에는 소심한 사람이 있습니다. 이들은 미운 마음이 일면 즉시 자신을 나쁜 사람으로 판단하지요. 수도자들은 '우리 안에서 발생하는 생각과 느낌에 대한 책임이 우리에게 있는 것은 아니다. 우리가 책임져야 하는 것은 그것을 어떻게 다루었는가 하는 사항뿐이다'라고 말합니다. 즉 내가 미움이나 분노에 사로잡힌 행동

---

[1] 역주: 그리스 신화에 나오는 아티카의 강도 이름. 손님을 쇠 침대에 눕혀 키가 침대보다 길면 자르고 짧으면 억지로 잡아 늘여서 죽였다고 한다. 그래서 프로크루스테스의 침대는 일종의 고문대, 융통성이 없는 규칙(형식), 옴싹달싹 못할 곤경을 의미한다.

을 해서도 안 되지만, 그렇다고 갑자기 일어나는 생각들을 막기란 참으로 힘듭니다.

유혹도 이와 마찬가지입니다. 소심한 사람은 유혹 자체가 벌써 나쁜 것으로 여깁니다. 자신이 기도를 너무 적게 해서 유혹이 온 것으로 생각하지요. 그러나 수도자들은 다르게 말합니다. 나무는 바람에 의해 이리저리 흔들릴 때 비로소 뿌리를 땅속 깊이 내린다. 유혹은 사람과 같아 사람으로 하여금 뿌리를 하느님 안으로 깊이 뻗게 합니다. 그러므로 유혹은 사람을 강하게 하고 보다 확실하게 합니다.

그렇다면 주님의 기도에 나오는 "우리를 유혹에 빠지지 않게 하시고"란 대목을 어떻게 이해해야 합니까? 유혹 앞에서 두려움을 가져야 하나요? 가지지 말아야 하나요?

주석가들은 주님의 기도를 정확하게 어떻게 번역하고 이해해야 하는가에 대해 서로 설왕설래하고 있습니다. 추측건대 이것은 다음과 같은 의미를 담고 있을 것입니다. "우리가 유혹에 넘어가서 죄를 짓지 않게 하소서!" 하느님은 적극적으로 유혹하시는 분이 아니십니다. 하느님은 우리가 유혹에 시달리는 것을 허락하십니다. 유혹은 언제나 사람에게 위험한 것일 수 있다는 것을 간과해서는 안 되지요. 이러한 위험에 굴복하지 않도록 하느님께서 우리를 보호하셔서 우리가 그 유혹을 통해 단련되어 벗어날 수 있도록 해 달라는 청은 올바른 것입니다.

일부 주석가들은 마태오복음 마태 6,13에 나오는 페이라스모스 peirasmos

라는 단어를 우리가 일상생활에서 겪는 것으로서 이겨내면 보다 더 강한 사람이 되는 의미의 유혹으로 보지 않고 퇴행으로 보기도 합니다. 하느님께서 우리를 퇴행과 혼란으로부터 보호하시기를 바라는 말로 보는 것이지요. 잘못된 가르침에 의해 야기되는 혼란 속에서 우리는 튼튼한 기반을 잃고 말기 때문입니다.

사막의 교부들은 죄를 어떻게 이해했나요?

사막의 교부들은 악마가 나를 지배하도록 방치하는 것을 죄로 보았습니다. 교부들이 욕망들을 악마로 본 경우도 자주 있어요. 욕망이 나를 지배하게 두면 그것이 악과 죄로 몰고 가는 것이지요. 죄에 해당하는 그리스어 하마르티아 hamartia 는 '길을 잃다, 놓치다, 목표물에 도달하지 못하고 빗나가다'는 의미를 지니고 있어요. 욕망에 지배를 받는 사람은 내적 자유를 잃게 되고 온전한 인간이라는 목적지에 도달하지 못하게 됩니다.

아스케제 Askese, 자기 수련 라는 개념에 대해 사막의 교부들이 가졌던 이해와 오늘을 살아가는 사람들의 이해에 분명히 차이가 있습니다. 아스케제가 지닌 본래적인 의미는 어디에 있나요? 아스케제란 무엇을 하는 것인가요?

그리스인들에게 있어서 아스케제는 훈련, 트레이닝을 의미합니다. 이 단어는 스포츠와 군복무에서 유래한 것입니다. 스포츠맨이나 군인은 자신을 수련하지요. 철학자들과 신학자들이 이 단어를 가져와 정신적인 영역에 도입했어요. 우리의 내면의 태도도 훈련할 수 있는 것이니까요. 자기 자신에 대한 통제, 용기, 절도, 정의를 지켜나가는 태도와 같은 것을 훈련하는 것이지요. 아스케제는 '나는 단순히 나의 지나간 과거에 의해 고정될 존재가 아니다. 나는 나 자신을 개선해 나갈 수 있다. 나는 훈련을 통해 내적 자유를 얻을 수 있다. 나는 훈련을 통해 특정한 태도를 취할 수 있다'라는 입장을 갖습니다.

오늘날 부정적이고 애달픈 시각이 지배적이지요! "나는 어떤 것도 할 수 없다. 나는 어쩔 수 없는 존재다." 이런 태도는 다른 사람에게 책임을 전가하기 일쑤이지요. 저들이 이러저러한 성질과 시각 그리고 표상을 가지고 있어서 나를 이해하지 못했기에 그렇게 본 저들이 잘못했다고 여깁니다. 다른 사람들만큼 뛰어나거나 좋은 조건으로 태어나지 못한 것에 대해 불평을 해대기도 하지요. 그러면서 자기 책임을 회피합니다. 아스케제는 현재 되어 있는 나 자신과 화해하고 있는 그대로 받아들이는 것을 의미합니다. 또한 나는 성장을 원하고, 나 자신을 개선하여 하느님께서 나에게 주신 능력이 피어나도록 하고자 합니다.

올바르고 건강한 아스케제라는 표시는 무엇입니까?

건강하지 못한 아스케제란 표시는 자기 자신을 거슬러 분노하는 것입니다. 자기 자신을 거슬러 투쟁하는 사람은 자신 안에서 발견한 것을 받아들일 수 없기 때문에 그렇게 하는 것이지요. 건강한 아스케제는 언제나 자기 자신을 받아들이는 것으로부터 시작합니다. 나는 내가 받아들인 것만을 변화시킬 수 있어요. 내가 어디에 서 있는지를 알고 인정할 때에만 비로소 나는 앞으로 나아갈 수 있습니다. 자신이 높은 이상에 일치하는 사람이라고 여기는 사람이 있지요. 이런 이는 높은 철봉에 매달려 발을 땅에 딛지 못한 상태에 비유할 수 있어요. 이들은 자신이 원하는 대로 마음껏 버둥댈 수 있습니다. 그러나 결코 더 높은 곳으로 나아가지 못하지요. 자기 자신을 모질게 심판하는 행위의 원인은 자신 안에서 하느님의 표상을 발견하지 못하고 자신이 스스로 만든 이상적인 표상을 따르는 것에 있어요. 오직 내가 가장 낮은 단계에 서 있다는 사실을 인정할 때에만 비로소 한 발 한 발 위로 올라갈 수 있습니다.

건강하지 못한 아스케제는 인간 영혼이 지닌 구조를 고려하지 않고 눈에 보이는 이상적인 모범에서 시작합니다. 이러한 아스케제는 몸과 영혼에 폭력을 가하지요. 건강한 아스케제는 수중에 있는 것을 훈련하고, 하느님께서 우리 안에 넣어 주신 힘들이 역할을 하도록 합니다. 우리의 영혼과 마음을 살펴 영혼이 건강하고 온전하도록 작용합니다.

단식이라는 개념은 아스케제와 밀접한 관계에 있습니다. 단식은 일반적으로 좋은 음식과 음료를 먹고 마시는 행위를 포기하는 것으로 이해하는데, 이것을 통해 자기 자신을 극복하여 하느님께 개인적인 봉헌제물을 드리는 것으로 여깁니다. 신부님은 단식의 의미에 대해 어떻게 생각하시나요?

단식은 내적 자유를 위한 훈련 중 하나입니다. 오늘날 많은 사람들이 먹고 마시는 일에 어려움을 지니고 있지요. 사람들은 술과 커

피에 중독되고 있어요. 건강한 식탁을 마련할 시간이 없다고 합니다. 그래서 건강에 문제가 생기기도 하는데, 식탁에서 짜증과 불편한 기분을 먹어 버립니다. 단식은 내적 자유로 인도해요. 나로 하여금 나의 품위와 만나도록 합니다. 그저 외부 상황이 압박하는 대로 살거나 수동적으로 사는 것이 아니라 나 스스로 적극적으로 살아가는 것이지요.

　우리 교회가 단식을 개발한 것은 아니지요. 유대교나 그리스-로마 문화에서 이미 실천하고 있던 것인데 교회가 수용해 더 발전시켰습니다. 고대에서 단식은 무엇보다 악마로부터 지켜 주는 도구였던 것 같아요. 고대의 단식 규칙들은 일부 식품들이 악마적 힘이 있다고 규정한 것을 보게 됩니다. 피타고라스학파는 때려죽인 짐승의 고기를 먹는 사람은 그 짐승이 지닌 악마적 영혼도 함께 먹는 것으로 생각했지요. 예를 들어 콩을 먹지 못하게 했는데, 콩이 악몽을 꾸게 한다는 것이 그 이유였습니다. 그러나 단식이 몸과 마음의 균형을 잡아 주어 건강에 좋다는 것도 알고 있었습니다. 류머티즘, 감염, 감기와 같은 많은 종류의 잔병과 고통으로부터 치유되기 위해 단식할 것을 결심하기도 했어요. 민간의학에서는 단식을 자주 사용했지요. 스토아학파는 단식을 통해 질병과 악마로부터 보호하는 것뿐만 아니라 정신의 정화, 내적 자유, 만족감, 행복을 기대하기도 했습니다. 단식은 영적 삶에도 도움을 줍니다.

예를 들자면 어떤 것인가요?

초기 수도자들은 마음 정화에 단식이 도움 된다는 사실을 알았지요. 단식을 통해 자기 자신만 만나는 것이 아니라 영혼을 좁아지게 하는 적들도 만난다고 보았습니다. 좋은 음식과 음료를 통해 몇몇 적들을 이겨 낼 수 있지만, 단식으로 대용물들을 던져 버리면 자신의 내밀한 진면목을 알게 됩니다. 그래야 내면의 가장 깊은 곳에 숨어 있던 동경, 채워지지 못한 욕구, 분노, 아픔, 슬픔, 상처, 재산과 건강 그리고 성공에 대해 끊임없이 일어나는 생각들과 같은 것이 드러나게 됩니다. 음식, 음료 그리고 대화 등으로 덮어 버릴 수 있었던 모든 억압된 것이 수면 위로 떠오르는 것이지요. 이렇게 단식은 인간의 본질적인 모습을 열어 보이며 그를 가장 괴롭힌 것이 무엇인지 알려 줍니다. 이렇게 내적 해방을 위한 투쟁을 시작할 수 있는 것이지요.

단식은 우리의 기도와 청원을 강화하기도 합니다. 누군가를 위해 단식하면서 기도하는 힘은 훨씬 더 강합니다. 배부른 상태는 졸음을 몰고 오지만, 단식은 영성과 하느님을 위해 깨어 있고 마음을 개방하게 합니다. 또 단식은 내적 명쾌함에 도달하게 하지요. 세상을 훨씬 더 강하게 체험하게 합니다.

단식도 부정적인 측면을 지니고 있나요?

단식이 삶을 거부하는 방향으로 나아가서는 안 됩니다. 예를 들어 아프리카 어느 곳에 자신보다 훨씬 더 어렵게 사는 사람들이 있다는 사실에 의해 양심의 가책을 받는 사람은 자신에게 다음과 같은 말을 할 수 있습니다. "아프리카에서 사는 그 사람도 나와 같은 것을 누릴 수 있을 때까지 나는 더이상 어떤 것도 누리지 않겠다." 그리고는 자신의 건강에 이상이 발생할 정도로 단식을 할 수 있어요. 이런 사람은 더이상 축제도 누리지 않고 편안한 어떤 것도 허락하지 않으면서, 마침내 자신의 아스케제의 기준에 따라 다른 사람들을 비판하기 시작합니다. 단식의 다른 위험 요소는 몸에 대해 부정적인 관점을 지니는 것을 들 수 있어요. 이럴 때 단식이 쉽게 식욕부진으로 넘어갈 수 있습니다. 이런 경우 자신의 몸이나, 때에 따라서 자신의 육체성을 거부합니다. 하느님의 창조에 반기를 드는 행위와 같은 이런 정신적 태도가 마치 종교적 성격의 수행인 것처럼 제시됩니다. 하느님을 거스르고 있다는 사실을 모르게 되지요. 건강한 단식은 자신의 육체성을 거부하지 않고 받아들입니다. 단식은 영혼과 육체에 조화를 이루는 데 도움이 되는 방향으로 나아가야 합니다.

이 시대를 사는 현대인은 단식, 죄, 은총, 보속과 같은 개념이 지닌 의미를 재발견하고 있습니다. 우리가 어떤 기여를 할 수 있겠습니까?

가장 먼저 할 수 있는 기여는 열거하신 그 개념들을 사람들이 잘 이해하도록 설명하여 내적으로 감동을 받게 하는 일입니다. 사람들에게 그들이 가진 동경이 채워지도록 그 개념들을 말해 주어야 하지요. 모든 사람이 자기 자신과 일치하기를 원하고, 사랑하고 사랑받기를 동경합니다. 자신과 화해하여 용서를 체험하고 고통스러운 죄의식으로부터 해방되기를 동경하지요. 문제는 어떻게 사람들을 이러한 체험으로 인도하느냐는 것입니다. 평화를 얻는 길은 자기 자신을 받아들이는 것이지요. 또한 묵상, 기도, 치유를 가져오는 종교 의식들도 평화를 가져옵니다.

죄에 대해서 말할 때에 듣는 이를 불안하고 두려워하도록 해서는 안 됩니다. 누구나 죄의식에 대해서 알고 있지요. 문제는 내가 그것을 어떻게 다루느냐 인데, 고통스러워하거나 죄의식을 억압하는 두 방법 모두 효과적이지 못합니다. 해결책의 관건은 자신과 일치하기, 사랑하기, 죄와 죄의식으로부터 자유롭게 되고자 하는 동경이 채워지도록 말하는 것이지요.

신부님은 침묵을 주제로 하여 책을 저술하신 적이 있지요. 침묵이 그렇게 중요한 이유는 무엇이며 어떻게 하면 그것을 익힐 수 있나요?

침묵은 억압되어 있던 실망, 상처, 욕망과 같은 많은 것들을 떠오르게 합니다. 그러나 대개 사람들은 침묵보다는 세상의 번잡함이나 끊임없는 활동으로 나아갑니다. 침묵은 세 가지 단계를 가지는데, 먼저 현실을 직시하면서 내가 그것에 어떤 태도를 취하고 있는지, 무엇이 나의 관심을 끄는지 살펴보는 것이지요. 두 번째는 놓아 주는 것입니다. 끊임없이 나의 관심을 끄는 것을 놓아 주어 나를 지배하지 못하도록 내적 거리를 유지하는 것이지요. 이것을 심리학적으로 비동일화 Disidentifikation 라고 합니다. 내 안에 있는 것을 있는 그대로 바라보지만 그것과 관련하여 나를 규정하지는 않지요. 내가 그것을 인지하기는 하지만 그것과 거리를 유지하는 것입니다. 나는 문제를 지니고 있지만 내가 그 문제 자체는 아니지요. 나는 두려움을 지니고 있지만 내가 그 두려움인 것은 아닙니다. 세 번째는 나는 나 자신과 하나이고 하느님과 하나가 되는 것입니다. 침묵은 온전히 현존하게 하지요. 온전히 이 순간에 있고 나의 삶을 받아들이며 자신, 피조물, 이웃사람 그리고 하느님과 일치합니다. 이제 나는 하느님께 대해 생각만 하고 있는 것이 아니라 하느님 안에 있게 되는 것이지요.

신부님께서는 사람들에게 어떤 조언을 주시겠습니까? 올바른 전통과 올바른 영적 삶을 알아낼 수 있는 척도는 어떤 것인가요?

사람들에게 좋은 영향을 주는 영적 삶의 형태는 많습니다. 그렇지만 자신의 영적 삶을 성장시키고 실제 삶에서 구현할 수 있는 방법을 찾아내는 것은 매우 중요하지요. 예수님이 살았던 영적 삶은 사람을 언제나 생기 있게 하고 자유와 사랑 그리고 평화로 인도합니다. 바오로 사도의 다음과 같은 말씀과 일치합니다. "성령의 열매는 사랑, 기쁨, 평화, 인내, 호의, 선의, 성실, 온유, 절제입니다." 갈라 5, 22

8
종교와 영성을 찾는 현대인에 대하여

우리 시대는 종교에 새롭게 관심을 갖는 경향이 있습니다. 신앙으로 다시 돌아오는 현상은 어디에 근거를 두고 발생하고 있나요?

현대인은 형이상학적인 주제보다 초월에 대한 감각을 지니고 있어요. 자신을 초월하는 우수한 어떤 것, 자신의 삶에 깊은 의미를 제공하는 존재를 동경하지요. 현대인은 많은 돈을 벌고 편안한 삶을 사는 것만으로는 충분하지 않음을 느끼고 있습니다. 먹고 마시는 것과 안전에 대한 기초적 욕구들이 충족되고 나면 인간은 자연스럽게 영적 욕구들이 일어납니다. 이것이 바로 초월과 영성적 체험에 대한 동경이라는 것이지요.

이런 새로운 종교심에 대한 경향을 우선 어떤 분위기에서, 어떤 사회적 계층에서, 어떤 연령층에서 인지할 수 있나요?

우선 지성인들에게서 발견됩니다. 젊은이들, 대학생들, 감수성이 강한 많은 사람들에게서도 나타납니다. 사회 서비스 분야의 간호사와 공무원들에게서도 종교적 동경이 부상하고 있어요. 물론 직업적 성공에만 관심을 두고 영적 동경을 덮고 보류하는 사람들도 대단히 많지요. 그러다 위기상황을 맞이하면 덮어 두었던 영성적 동경이 부상하니 그것을 대면해야 하겠지요.

오늘날 사람들은 영성에 관해 좀 더 높아진 관심을 지니고 있기는 하지만 전통적인 교회에서 답을 찾지 않는 경우가 허다합니다. 다른 말로 표현하자면, 하느님께 대한 이들의 동경을 채우는 일에 반드시 교회라는 구조가 필요한 게 아니란 것이지요.

그렇습니다. 많은 이들이 영적 동경을 동방의 종교들이나 잘 알려지지 않은 비교秘敎에서 충족하려 합니다. 그리스도교의 가르침이나 답을 거의 모르거나 피상적으로만 알지요. 또한 그리스도교 기관에서 교육을 받을 때 상처를 받았거나 불편한 일을 겪어서 교회에 대한 믿음을 상실했을 수도 있어요. 자신의 갈증에 대한 답을 거기서 발견할 수 없다는 것이지요.

이러한 것은 단지 현대적 경향에 지나지 않는 것인가요, 아니면 교회에 대한 경고 신호인가요?

사람들이 자신에게 말을 걸어온다는 느낌이 드는 곳이면 어디에나 기웃거리며 둘러보는 것은 분명히 현대적 경향입니다. 가면 무엇이든 살 수 있는 대형 마트 문화도 종교적 욕구들에 영향을 미치고 있어요. 종교 상품들을 나열한 마트에 대해 요즘 사람들이 말하곤 합니다. 이런 현상은 교회에 대한 경고 신호이죠. 교회는 신도들이 교회에서 최소한의 답을 찾지 않으려는 이유가 무엇인가에 대해 반성해 보아야 합니다. 교회가 현대인의 질문에 답을 줄 언어를 아직도 발견하지 못한 것은 사실입니다.

하느님을 찾는 이들과 신에 대해 대화를 나누려면 그가 가진 동경이나, 초월에 대한 그의 체험으로부터 시작해야 합니다. 자신의 체험을 아직 하느님 체험으로 해석하지 못하고 있더라도 그를 압도하는 신비를 발견할 수 있음을 알려 주는 대화여야 하겠지요.

이런 문제는 단순히 언어와 소통의 문제인가요, 아니면 내용 전반에 관한 문제인가요? 교회에서 제공되는 성사 역시 하느님을 찾는 많은 사람들이 단지 종교적 의식으로만 보면서 제대로 이해하지도 못하고, 무엇인가를 전달하는 그 내용들도 느끼지 못합니다.

먼저 언어입니다. 언어는 외적인 어떤 것이 아닙니다. 언어에 영혼이 표현되어 있습니다. 그러므로 복음을 전하는 사람은 자신의 언어에 대해 주의를 기울여야 합니다. 대개 자신이 알지 못하는 새로운 언어를 쉽게 배울 수 없는 것 또한 사실입니다. 자신이 경험한 종교적 영적 체험의 내용을 살고, 그다음 그 체험들을 적절히 표현할 언어를 찾아내야 하는 것이지요.

구원을 불러일으키는 의식인 성사는 미리 잘 구성된 것으로, 어떤 사람들에게는 연극적인 모습으로 보이기도 할 겁니다. 그러니 성사는 각 개인의 영혼에 말을 걸 수 있는데, 그 이유는 성사 안에는 전형적인 표상들로 가득하기 때문입니다. 중요한 것은 현대인들이 잘 이해할 수 있도록 해석해야 하고, 성사를 집행할 때에는 참여하는 사람들의 마음에 닿도록 해야 하는 것입니다. 이러기 위해 교회 안 깊이 있는 우리는 신중함과 사랑으로 현실적인 문제들을 가진 이들에게 늘 새롭게 다가가야 하지요. 일곱 가지 성사 모두 직접 접촉하는 성사입니다. 그러므로 사제는 사람들을 사랑으로 만나고 예수 그리스도께서 직접 어루만지는 것임을 느끼게 해야 합니다.

교회가 자신의 정체성과 복음 선포의 사명을 잃지 않으면서도 명백하게 다른 어떤 것을 제공할 수도 있을까요?

교회는 이 사회에서 중요한 사회적 과제를 확실히 지니고 있습니다. 현재 하고 있는 사회사업과 관련된 일들을 중단한다면 우리 사회는 빈약해지고 비인격적이 되고 말 것입니다. 그러나 가장 중요한 교회의 존재 의미는 영성적 체험을 하는 장소라는 것이지요. 교회는 사람을 하느님께 인도하고자 하는데, 많은 사람들이 교회를 더이상 영성적 체험을 하는 장소이자 하느님을 만나는 곳으로 여기지 않는 것은 명백한 손실이지요.

제2차 바티칸공의회의 주안점은 현대세계에 어떻게 대처해 나갈 것인가에 관한 것이었습니다. 그런데 그 현대는 지난 20세기 60년대 말까지였지요. 오늘날 우리는 탈근대 Postmoderne 에 살고 있어요. 오늘날 일어나는 현상에 대해 자주 놀라고

당혹감을 느끼는 것은 교회가 이 세상을 제때 제대로 읽지 못하고 항상 뒤늦은 반응을 하고 있는 것에 문제가 있는 것이 아닌가요?

제2차 바티칸공의회는 현시대를 위한 신학을 열었다는 의미에서 중요한 과제 중 하나를 해결했습니다. 그러는 동안 교회는 다른 종류들의 도전들이 밀려오는 것을 보고 있습니다. 오늘날의 교회는 다양한 종교들과의 대화에 민감한 관심을 갖고 있어요. 요한 바오로 2세 교황께서 이러한 일에 결정적인 초석을 놓았지요. 또한 신학자들은 다른 종류의 문제들, 예를 들어 유전자조작 기술이나 자연과학과의 대화를 찾고 있어요. 현대 세계의 현상에 모든 종교와 철학 그리고 신학 학파들이 함께 참여하여 진지한 대화를 해야 하는 것이지요.

영적 체험을 추구하는 것의 포기, 점점 더 가중되는 세속화, 전통적 가치들의 붕괴와 같은 문제 앞에 교회는 속수무책으로 무기력한 모습을 보이고 있습니다. 요즈음 교회가 신도들의 동경에 대해 너무 적게 생각한다는 인상을 받고 있어요. 역으로 보면 교회는 오히려 좋은 기회를 맞는다고 할 수 있지요. 교회의 오랜 영적 전통으로부터 길어 올린 응답으로 길을 잃고 있는 사회에 많은 영향을 줄 수 있다고 봅니다. 그러나 고답적인 대답들로 응대하려는 유혹도 있는데, 그러한 답이 정신적으로 불안정한 사람들에게는 긍정적인 역할을 할 수도 있겠지만 더 깊은 것을 찾는 사람들에게는 아니지요.

고답적인 대답이란 말씀은 어떤 것을 의미하나요?

교회의 일반적인 대답은 언제나 예수 그리스도 안에서 치유와 구원을 체험하고 예수님에 의해 함께 새로운 관계 안으로 인도된다는 것입니다. 이것은 진실이고 함께하는 새로운 공동체적 관계는 우리 시대에 매우 중요합니다. 그러나 다른 한편으로 개인주의가 강한 이 시대에 각 개인이 개별적으로 예수님께 나아가는 것도 진지하게 고려해야 하지요. 예수님은 각 개인을 일으켜 세우기를 원하시고 아무런 조건 없는 사랑을 전달하고자 하십니다. 예수님은 사람들을 두려움으로부터 해방시키고자 하시고 가까이 계시는 하느님의 구원에 대한 믿음을 갖도록 하고자 하시지요. 이러한 복음을 사람들에게 언제나 선포하여 체험할 수 있도록 하는 것이 교회가 지닌 지속적인 과제입니다. 교회는 새로운 복음을 발견해야만 하는 것이 아니라 성경에 있는 오래된 복음을 새로운 언어로 표현해야 하지요.

교회가 대답을 주어야 하는 인간적인 질문들 중에서 신부님은 특별히 어떤 질문에 신속한 대답을 해야 한다고 생각합니까?

제3의 천년기를 살고 있는 인류는 많은 난관들에 봉착해 있지요. 이러한 상황에서 교회가 전달해야 할 복음 중 중요한 요소가 인간의 자유입니다. 내가 나를 어떻게 규정하는가? 내가 성공했다고 생각하는가 아니면 실패했다고 생각하는가? 하느님께서 나를 받아들인다고 생각하는가 아니면 거부한다고 생각하는가? 교회는 사람들이 이해하고 받아들일 수 있는 삶의 대안을 제시해야 합니다. 자신의 가치에 맞는 삶을 살아갈 수 있고, 하느님 안에서 참된 자유를 발견할 수 있도록 해야 하지요. 루카 복음사가가 우리에게 알려 주는 대로 예수님을 사람의 참된 표상으로 선포해야 하고, 생명으로 인도하는 분으로, 참된 지혜의 스승으로, 영성적 존재로 선포해야 합니다. 또한 오늘날 특별히 예수님께서 사람의 마음을 감동시키고 참된 삶의 문을 여는 것으로 선포해야 하지요. 오늘날 모든 사람이 참된 삶을 동경합니다. 그러나 많은 사람들이 가능한 대로 많은 것을 경험하는 것과 참된 삶을 혼동해요. 예수님은 우리가 참으로 그리고 마음껏 살아갈 수 있도록 안내하고자 합니다.

오늘날 사람은 자신의 개인적인 자유를 조금이라도 제한하는 것에 대해 맹렬한 거부감을 보입니다. 그는 자신의 삶에 이리저리 간섭하거나 자신이 어떻게 생각해야 하는가에 대해 미리 기록하여 알려 주는 기관의 존재를 달갑게 여기지 않아요. 그들은 자주 교회도 이러한 기관 중 하나로 생각하지요. 이러한 상황에서 할 수 있는 것이 무엇인가요?

오늘날 교회가 진리의 유일한 대변자라는 주장을 더이상 할 수 없지요. 교회는 개인의 자유를 진지하게 생각하는 현대인들과 대화하는 용기를 가져야 합니다. 현대사회가 처한 다양성과 복잡성을 이해하려는 노력을 하여 사람들에게 삶의 의미에 대해 올바른 말을 하고 그들이 입은 상처를 치유하며 그들이 가진 깊은 동경을 채울 수 있어야 합니다.

참된 자유의 핵심은 어디에 있나요? 사막의 교부들이 누린 자유는 어디에 있었나요?

자유의 핵심은 어떤 사람도 나에 대한 권력을 갖지 못하게 하는 것과 어떤 특정한 태도들과 분위기, 경향, 유행, 이념이 나를 지배하지 못하게 하는 것에서 성립하고, 내가 어떤 사람에게도 어떤 기분에도 묶이지 않는 것, 나의 생각과 행동을 자유롭게 해 나갈 수 있는 것에서 성립합니다. 사막의 교부들은 중독과 욕망들로부터의 자유를 자유의 참된 핵심으로 여겼어요. 하느님만이 그의 영혼을 지배하실 때 그 사람은 참으로 자유로운 존재입니다.

다시 교회로 돌아와 봅시다. 어떻게 하면 교회가 제3의 천년기를 살고 있는 사람들에게 매력적인 존재로 작용할 수 있을까요?

다시 반복하자면 교회는 사람들이 영성적 체험을 할 수 있는 곳, 신비체험을 할 수 있는 곳이어야 하지요. 두 번째로 교회는 새로운 형태의 공동체를 위한 공간이 되어야 하는 것입니다. 서로를 이해할 수 있는 공간으로, 모든 민족들이 서로를 이해할 수 있도록 하는 세계교회의 범위에도 해당되고 지역교회의 범위에도 해당됩니다. 지역공동체에서는 부유한 사람과 가난한 사람, 진보적인 사람과 보수적인 사람, 그 지방 사람과 이주해 온 사람이 서로 만나 참된 공동체를 형성해야 합니다. 오늘날 많은 사람들이 군중 속에서 외로움과 소외를 느끼고 있지요. 그들은 교회 안에서 고향을 발견해야 해요. 세 번째는 교회는 그리스도교적 삶의 문화를 전달하여 건강한 삶을 살아가도록 인도해야 합니다. 여기에는 당연히 좋은 생활습관들이 해당되지요. 무엇보다 먼저 치유를 가져오는 요소들, 예를 들어 기도와 영성적 삶이 여기에 해당되고 잘 구성한 하루 일과표와 건전한 의식들도 해당됩니다. 그리스도교는 그 안에서 사람들이 자신의 고유한 가치를 체험할 수 있는 가시적인 문화가 되어야 해요. 이러한 것이 교회가 수행해야 할 세 가지 중요한 표상들입니다.

그런데 오늘날의 교회가 신자들에게 이러한 역할을 수행할 만큼 충분히 성숙되어 있는가요?

일정 기간 교회는 너무 교회 안에서만 맴돌고 있어요. 교회는 자신이 입은 상처에만 관심을 둔 나머지 다른 사람들의 상처를 돌볼 여지가 없지요. 그럼에도 불구하고 이 세상에 새로운 꿈과 희망을 제공할 사람들과 단체들이 교회 안에서 언제나 다시 성장해 나올 것에 대한 희망과 믿음을 갖고 있습니다. 최종적으로 교회는 사람들에게 예수님께서 가졌던 꿈과 희망을 제시합니다. 그러나 믿음과 사랑으로 가능하게 하는 생명에 대한 꿈을 윤리적 언어로 선포해서는 곤란하지요. 새로운 관계 속에서 먼저 살아 보는 모범을 보이는 것을 통해서 선포해야 하고 새로운 언어로 표현해야 합니다.

오늘날 사람들이 교회에 대해 지나치게 비판하는 경향이 있습니다. 비판은 교회 공동체 안에서도 일어나고 있지요. 신부님은 교회 안에 건전한 비판과 건전하지 못한 비판 사이의 경계가 어디에 있다고 생각하십니까? 올바른 비판은 어디에 근거를 두어야 하나요?

지나친 비판은 대부분 교회에게 너무 많은 요구를 하는 것에서 비롯됩니다. 우리는 무엇보다 교회의 거룩한 모습을 보려고 합니다만 교회 안에 들어 있는 수많은 나쁜 사람들만 볼 뿐이지요. 그래서 모든 잘못을 그에게 돌릴 수 있는 속죄양을 찾는 꼴이 되어 버렸어요.

누군가를 비판할 때 나 자신도 고쳐야 하고 모든 사람이 약점을 지니고 있다는 사실을 생각하는 것은 매우 중요합니다. 이 사실을 의식하고 있을 때에만 나는 교회 조직 안에 들어 있는 위선적인 행동이나 특정한 사람들에 의한 권력남용과 같은 무질서들을 정확하게 지적할 수 있지요. 그러면서도 판단만 한다든지 한 편을 무조건 나쁜 존재로 보고 다른 편을 무조건 선한 존재로 보는 것과 같은 흑백논리로 대한다든지 해서는 안 됩니다. 실제 상황은 언제나 다양한 색깔을 지니고 있지요.

이와 연계하여 교회 안에 존재하는 소위 말하는 보수주의적인 물결과 진보주의적인 물결 사이의 긴장에 대해 어떻게 생각하시는지요? 이것은 그대로 받아들이며 더불어 살아가야 하는 자연스러운 현상인가요, 아니면 극복해야만 하는 부정적인 어떤 것인가요?

삶은 언제나 두 극점 사이에서 이루어집니다. 보수주의적 경향과 진보주의적 경향도 이러한 두 극점에 속하지요. 이 두 극점 사이를 오가는 것이 건강한 삶입니다. 우리 안에 이 두 요소가 모두 들어 있기 때문이지요. 우리 모두는 성장할 수 있기 위해 과거의 건강한 뿌리를 필요로 해요. 그러나 또한 새로운 것에 도달하기 위해 앞으로 뻗어 나갈 수 있는 가능성과 목표를 필요로 하지요. 각 개인 안에 들어 있는 긴장을 교회도 전체적으로 체험하고 있어요. 이러한 것은 어느 정도는 정상적이고 건전합니다. 긴장은 에너지를 생산하고 공동체를 활기 있게 해요. 위험하게 되는 것은 오직 한쪽만 절대적인 것으로 받들고 다른 쪽을 억압할 때이지요. 그러면 모든 것이 한쪽으로 치우쳐서 종종 악이 되고 병들고 잘못됩니다.

건전한 운동과 불건전한 운동 그리고 교회 안에서 일어나는 새로운 물결들을 어떻게 구별할 수 있을까요? 이들이 언제 분열과 시기의 원천이 되고 언제 생명을 참으로 펼쳐 나가는 데에 도움이 됩니까?

건전한 운동은 사람으로 하여금 이 세상에서 마음껏 살아가게 합니다. 불건전한 운동은 오직 자기편 사람들에게만 말을 걸지요. 건전한 운동은 세상을 향해 열려 있고, 불건전한 운동은 자신 안에 폐쇄되어 이단이 될 위험에 있어요. 불건전한 운동은 성욕이나 공격성과 같은 사람의 영혼에서 중요한 영역을 분열시킵니다. 분열된 것은 다른 사람에게도 전염되어 분열되게 하지요. 분열되고 마는 모든 운동은 예수 그리스도께 일치할 수 없어요. 어떤 운동이 오직 자기 자신 안에만 맴돌면서 가능한 대로 자기편을 많이 확보하는 데에만 혈안이 되어 있다면 그 운동은 시기와 질투에 휘말리게 되고 세상을 위한 열매를 맺지 못합니다. 자기 자신을 잊고 사람들과 세상에 봉사하는 운동만이 지속적으로 건전하고 예수님의 정신에 일치하지요.

신부님은 교회 안의 보수적 단체들이 지닌 문제가 어디에 있다고 생각합니까?

초보수주의적 단체들은 올바른 전통과 그 전통이 지닌 영성적 보물들 그리고 올바른 사항들을 지키려고 노력하고 있지요. 그러나 저는 많은 수의 초보수주의적 경향을 지닌 사람들에게서 두려움에 사로잡혀 세상사를 대하는 것을 봅니다. 스위스의 심리치료사 테오도르 보펫 Theodor Bovet 은 이데올로기는 상실한 아버지를 대신하는 대용물이라고 말한 적이 있어요. 보수주의적 단체들의 대표 중 많은 수가 기댈 곳이 없어요. 그래서 이들은 이데올로기와 경직된 규범을 의지할 대용물로 삼지요. 보수주의적 경향에서 기댈 곳과 은신처를 찾는 사람들 중에는 불안정하고 소심한 사람이 많아요. 이러한 것도 정당하다고 볼 수 있습니다. 그러나 기댈 곳이 단지 외적 형식과 규범에 지나지 않는다면 예수님께서 선포하고 선사하신 생명을 발견하지는 못합니다. 예수님은 보수적이지 않았지요. 예수님은 글자에 매달리지 않고 당신의 마음을 따라 하느님과 가진 강한 관계를 모든 사람에게 열어 놓았습니다.

신부님 자신은 어느 쪽인가요? 사람들이 신부님을 진보주의자로 봅니까 아니면 보수주의자로 봅니까?

많은 보수주의자들이 저를 진보주의자로 여깁니다. 때로는 저를 밀교적 구석으로 밀어 넣기도 하지요. 이들은 저의 말들이 더이상 그리스도교적이 아니라 밀교적이라는 것입니다. 다른 일부는 저의 책들이 심리학을 너무 많이 담고 있다고 합니다. 일부 진보주의자들은 저를 보수주의자로 여기기를 선호합니다. 전통이 지닌 보물을 소중하게 여겨 지키는 데에 애를 쓰는 것이 저의 주안점이기 때문이지요. 그러나 이러한 분류는 저 자신보다 그러한 분류를 하는 사람에 대해 더 많은 것을 말합니다. 저의 책들이 진보주의자들에게서도, 보수주의자들에게서도 읽히고 있는 것이 오히려 저를 기쁘게 하지요. 저의 책들이 이 두 경향들 사이에 다리를 놓을지도 모르겠습니다. 두 가지 경향 모두 그리스도인으로 존재하는 데에 속하고 삶을 살아가는 데에 필요한 존재이기 때문에 이러한 사실은 의미가 있지요.

최근 들어 교회의 카리스마적 차원과 제도적 차원에 대한 논의가 많습니다. 이 두 차원들 사이에는 어떤 관계가 있으며 미래에는 어떤 역할을 해야 하나요?

교회의 카리스마적 차원을 예언적 차원이라고 부를 수도 있어요. 교회는 이 세상을 위한 누룩이 되어야 하고 예수님께서 말씀하신 대로 빛과 소금이 되어야 하지요. 이것은 교회가 시대의 표징을 알아내도록 노력해야 한다는 의미입니다. 그렇게 하여 하느님께서 오늘날 우리로부터 그리고 우리를 위해서 무엇을 원하시는가에 대한 섬세한 감각을 사람들이 갖도록 부추겨야 합니다. 이러한 기능 외에도 교회는 많은 사람들로 구성된 공동체로서 제도적 차원을 지니고 있습니다. 공동체는 조직을 필요로 하지요. 그러나 국가와는 달리 교회의 조직은 그 자체가 목적이 아니라 단지 보조적인 역할을 하는 것에 지나지 않는다는 사실을 항상 의식하고 있어야 합니다. 그렇게 해야 예수님의 정신이 이 세상 안에 확산될 수 있어요. 조직 자체가 목적이 되어서는 결코 안 됩니다. 요한복음서에 벌써 제자들 사이에 요한 제자를 대표로 하는 사랑의 교회와 베드로 사도를 대표로 하는 제도적 교회 사이의 긴장 관계가 드러납니다. 그런데 요한복음서에서도 이미 교회의 이 두 차원이 모두 필요하기 때문에 결코 분열되어서는 안 된다는 사실을 언급하는 모습을 볼 수 있어요. 우리가 두 차원을 모두 인정할 때 건강한 긴장 관계가 성립하여 그 안에서 조화로운 삶을 살아갈 수 있지요.

오늘날의 교회에 존재하는 희망은 어떤 것인가요?

온 세계에 퍼져 나가 있는 오늘날의 교회 안에서 언제나 다시 새로운 삶이 발생하고 있는 것이 저에게는 큰 희망으로 다가옵니다. 독일 교회 안에는 쇠잔의 현상이 드러나고 있지만 세계 안에 많은 지역에서 새로운 활력이 발생하고 있고, 생기 있는 공동체, 활발한 수도공동체, 모범적인 그리스도인, 그 외 여러 가지 긍정적인 현상들이 발생하고 있습니다. 제 생각에는 이러한 현상은 특정한 지역에서만이 아니라 온 세상에서 발생하고 있는 일입니다. 라틴아메리카, 아프리카, 한국 그리고 아시아의 다른 나라들에서 교회가 새로운 신선함과 활력을 보여 주고 있지요. 이러한 곳에서 저는 예수님의 성령이 활동하고 있는 것을 감지합니다. 이러한 사실에서 저는 예수님의 성령이 언제나 다시 교회를 거슬러 스며드는 파괴적인 악령의 행위를 극복하고 새로운 생명을 키워 내실 것을 믿습니다.

새롭게 일어나는 영적 운동들이 여기에 어떤 역할을 할 수 있을까요?

교회 안에서 영적 운동들은 많은 역할을 했지요. 어떤 특별한 역할을 하지도 못하고 꺼져간 영적 운동들도 많이 있었습니다. 그러나 교회는 사람들을 불러 모아 예수님의 정신을 나름대로의 방법으로 구현하려고 시도한 사람들이 언제나 다시 등장한 것으로 지금까지 살아왔습니다. 성령은 다양한 은사들로 활동하시지요. 영적 운동들은 성령의 다양한 모습을 반영하고 있습니다.

현대 세계의 사제의 역할은 어떠하다고 생각하십니까? 신자들에게 어떤 존재가 되어야 하는가요? 영적 권위, 동반자, 아버지, 조언자인가요? 아니면 단지 성사를 집행하는 사람에 지나지 않는가요?

과거에 사제는 다양한 기능을 수행했지요. 그는 거룩한 것들을 보호하는 사람, 재앙이 오지 않도록 하는 사람, 조언자, 꿈을 해석하는 사람, 영적지도자, 심리치료사와 같은 다양한 역할을 수행했습니다. 오늘날 사제가 잘 수행해야 할 역할은 두 가지라고 생각합니다. 무엇보다 거룩한 것들을 보호하는 사람이자 영적지도자의 역할이지요. 사제는 거룩한 것을 보호하는 사람으로서 먼저 자신 안에 있는 거룩한 영역을 만나야 합니다. 내면에 자리하고 있는 원천으로부터 영성적 삶을 살아가야 해요. 그렇게 할 때 비로소 사람들 안에 있는 거룩한 것을 지켜 나갈 수 있습니다. 또 사제는 사람들의 가치와 품위를 보호해야 합니다. 모든 사람 안에 거룩한 것, 신비한 어떤 것이 숨겨져 있어요. 실용적인 것만을 찾는 이 세상 안에서 사제는 이것을 지켜 가야 합니다. 일반 사람들에게는 영적 지도자가 되어야 하지요. 이것을 위해 그는 심리학적 지식과 사람들에 대한 많은 사랑을 필요로 합니다. 다른 사람들의 영혼을 돌볼 수 있기 위해서도 자기 자신의 영혼에 대해 잘 알아야 하지요. 섬세함과 신중함을 갖추어 사람들이 사제가 자신을 이해하고 있음을 느끼도록 그리고 사제로부터 새로운 희망과 확신을 제공받을 수 있도록 해야 합니다.

주교님은 어떤 역할을 하셔야 합니까? 주교님이 착용하고 계시는 옷과 지팡이 그리고 주교 모자에 대한 사람들의 인식이 점점 약해지고 있습니다. 미디어 덕분에 사람들이 텔레비전에 중계되는 주교님을 종종 보게 되었지만, 이러한 경우에도 주교님의 역할은 주로 미사를 드리고 성당과 경당을 축성하는 것에 제한된 모습으로 비칩니다.

주교님은 보호자이자 목자입니다. 물론 교구의 대표이기도 하시지요. 저에게 중요한 것은 주교직이 지닌 영성적 차원을 다시 발견하는 것입니다. 목자는 양떼를 인도하고 조직하며 풀밭으로 안내하여 양들이 먹고 살 수 있게 합니다. 그러므로 주교님은 오늘을 살아가고 있는 사람들이 어떤 것에 흥미를 가지는지, 무엇으로 살아가는지, 그를 참으로 먹여 살리는 것은 무엇인지를 알아차리는 감각을 지닐 필요가 있습니다. 또한 주교님은 개별적인 공동체들과 교구 전체에 알맞은 조직을 제공하여 조직 자체가 목적이 아니라 신자들의 삶을 증진하는 데에 이바지하도록 할 수 있는 명석한 두뇌를 가져야 합니다. 그리고 주교님은 삶을 보호하는 분이어야 합니다. 또한 주교님은 사람들이 참된 삶을 살아가는 일에 방해되는 모든 경향을 거슬러 나갈 수 있도록 살펴보아야 합니다.

예를 하나 들어주시겠습니까?

사람들의 참된 삶을 방해하는 것 중 하나로 오직 이익을 얻는 것에만 관심을 두는 자본주의를 들 수 있지요. 이러한 경향들을 거슬러 나아가 자본이 사회에서 해야 할 역할을 명쾌하게 밝혀 주는 것이 주교님의 중요한 과제라고 생각합니다. 그러나 또한 삶에 대해 지나치게 많은 규정을 만드는 것도 삶을 방해하지요. 그러므로 규정들을 절대화하지 않고 유연하게 적용하여 경직된 규정들에 의해 고통을 받는 사람을 위하는 것도 매우 중요합니다. 이러한 것은 특히 정치적 망명을 신청하는 사람들에게 적용되어야 하지요.

사제직으로 다시 돌아오지요. 신부님들 중에는 사제생활을 시작한지 얼마 되지 않아 내적으로 완전히 탈진하고 말았다는 고백을 하는 분들이 다수 있습니다. 무엇보다 신자 수가 얼마 되지도 않는 여러 본당들을 맡아 이리저리 뛰어야만 할 경우에 그렇다고 합니다. 체코에서도 이런 경우가 많아요.

이런 현상은 오늘날 악순환 되고 있어요. 사제의 수가 점점 줄어들고 있기 때문에 한 사제에게 점점 더 많은 일들을 맡기게 됩니다. 이 현상은 사제직에 대한 매력을 점점 잃게 만들어 사제성소를 줄게 합니다. 그러나 개개인의 사제가 이러한 악순환을 끊을 수 없지만 각자 자신에게 도움이 되는 어떤 것을 찾아내야 하지요. 여기에도 영성의 길이 매우 중요하다고 생각합니다. 자신의 내적 원천에 닿으면 지치지 않고 많은 일을 할 수 있습니다. 예수님의 성령께서 나의 모든 활동을 살펴보실 수 있도록 함은 영성의 길을 가는 데에 꼭 필요한 일이지요. 이러한 것은 말하기는 쉽지만 실천하는 것이 그리 쉽지만은 않아요. 그러나 예수님께서 언제나 나와 함께 계신다는 사실을 알면 내가 하는 일이 고달프지 않습니다. 그럴 경우에 사람들의 기대나 자기 스스로 정한 요청들을 채우는 데에 급급하지 않기 때문이지요. 또 하나의 길은 내가 하는 일들이 지닌 중요성의 순서에 대해 언제나 다시 생각하는 것입니다. 간단히 말하자면, 사제들은 애를 쓰고 있는 많은 일이 반드시 자신이 해야만 하는 것은 아니지요.

평신도와 소통하는 데에 어려움을 느끼는 신부님들도 있습니다. 평신도들 중에는 평신도를 위한 신학과정 덕분에 사제들과 동일한 신학공부를 하는 사람들이 있어요. 이들은 이제 더이상 사제가 자신에게 하는 말에만 의존하지는 않지요. 사제들은 공동체 안에서 자신의 권위가 위협을 받고 있음을 느끼기 때문에 이러한 평신도를 멀리하는 경향도 있습니다. 사제를 존중해야 할 이유가 어디에 바탕을 두고 있습니까?

다른 사람이 가진 능력을 인정하고 발휘하도록 하는 사람이 강한 사람의 대열에 들 수 있지요. 사제가 모든 것을 잘할 수는 없어요. 그는 신학자로서 또는 공동체의 지도자로서 가장 뛰어나야만 하는 것은 아닙니다. 그러나 그는 각 개인이 자신의 능력을 공동체를 위해 발휘할 수 있도록 인도해야 합니다. 사제는 자신의 깊은 내면으로부터 살아갈 때, 그리스도와의 깊은 관계 속에서 미사를 봉헌하면서 사람들과 교제해 나갈 때, 존중받음을 체험할 것입니다. 미래에는 무엇보다 사제의 영성적 능력을 필요로 할 것입니다.

무슨 의미인가요?

영성적 능력이란 사제 자신이 직접 영성의 길을 가는 것이고 영적 체험들을 하는 것을 의미합니다. 또한 본인이 한 영적 체험에 대해 대화를 하고자 다가오는 사람들을 사제가 이해하는 것을 의미하지요. 그러므로 사제는 무엇보다 먼저 기도하는 사람이어야 해요. 그렇다고 하여 그가 가능한 대로 많은 종류의 기도를 장시간 해야 하는 것이 아니라 그가 자신의 삶을 기도로 살아가고, 묵상방법을 알고 내적 길을 알고 스스로 실천하는 것을 의미합니다.

사제나 주교의 일반적인 권위는 어디에 바탕을 두어야 합니까?

참된 권위는 그가 사람들 안에 삶을 불러 일깨우고 지속적으로 성장하도록 노력하는 것에 바탕을 두어야 합니다. 그러므로 권위는 우선적으로 어떤 것을 결정하는 문제가 아니라 삶을 증진시키는 문제입니다. 권위 Autorität 는 증가시키다, 많게 하다를 의미하는 '아우제레 augere'에서 유래한 단어입니다. 사제는 영성적 그리고 전례적 능력을 반드시 필요로 하고 또한 다른 사람을 인도할 수 있는 능력도 필요합니다. 사제가 자신의 영역에서 능력을 갖추면 다른 사람들이 기본적으로 그를 존중합니다. 그러나 사제는 자신의 능력에만 의존하거나 자신이 지닌 형식적인 권위에 의존하고 있어서는 안 됩니다. 그는 매우 자연스럽게 권위를 확보할 수 있습니다.

어떻게요?

결정적으로 중요한 요소는 무엇보다 먼저 주교나 사제가 영성적인가 하는 것에 있어요. 또한 자신 안에 그리고 하느님 안에 머물고 있는가, 조화를 이루고 있는가, 자신 안에 억압해 둔 것을 다른 사람들에게 전가하지는 않는가 하는 것도 중요하지요. 사제와 주교는 갈등을 만났을 때 사안에 따라 논리정연하게 풀어 나가는 것을 배워야 합니다. 자신의 삶으로 증명하면 자연스럽게 권위를 확보하게 되지요. 또한 사람들은 이들이 선포하는 것을 받아들이게 됩니다.

신부님은 올바른 영적 지도는 사람들을 참된 그리스도인으로 성장시켜서 자신의 영적 지도자를 점점 덜 필요로 하게 하고 스스로 판단할 수 있는 능력을 점점 더 갖추도록 하는 것이라는 것에 동의하시는가요?

그리스도인은 이미 상당히 성숙해 있습니다. 이전처럼 누군가가 권위를 갖고 자신을 지도해 주기를 바라지 않아요. 누군가가 권위를 지니고 자신을 지도하는 일이 발생하면 지도받기를 포기하고 말지요. 그러한 지도를 더이상 필요로 하지 않습니다. 그러나 다른 한편으로 영적 지도에 대한 큰 동경을 지니고 있어요. 예를 들어 삶의 위기 상황에 빠져들면 심리치료사에게만 도움을 청하는 것이 아니라 영적 지도도 기꺼이 원합니다. 오늘날 영적 지도에 대한 요청은 점점 더 증가하고 있지요. 교회는 이러한 동경에 새로운 방법으로 응답해야 합니다. 오늘날을 살아가는 사람들이 지닌 문제들을 이해하고 그가 다시 땅에 두 발을 딛고 일어설 수 있을 때까지 함께할 영적 지도자에 대한 요청이 강하게 일고 있어요.

그러면 본당에서 새로운 삶을 불러일으키기를 원하면서 가능한 대로 많은 수의 평신도들이 함께 하도록 노력하지만 무관심과 비협조 나아가 실패에 부딪히고 마는 사제가 할 수 있는 것은 무엇인가요? 이러한 상황을 어떻게 타개해 나가야 할까요?

많은 수의 사제들이 본당 공동체를 활성화시키기 위한 노력에서 몰이해와 반대에 부딪혀서 실패하고 좌절합니다. 이러한 상황에서 취할 수 있는 길은 두 가지입니다. 첫 번째 길은 귀를 기울여 사람들의 말을 잘 경청하는 것입니다. 그렇게 하면 사람들이 지닌 깊은 동경, 소망, 걱정, 기쁨 그리고 욕구들을 체험할 수 있어요. 사제는 어떻게 하면 사람들과 잘 지낼 수 있는지, 그들의 마음이 예수님의 성령을 받아들이도록 하려면 어떻게 해야 하는지 언제나 다시 새롭게 배워야 합니다. 사람들과 함께하는 데에는 대단한 주의 깊음과 조심성이 요청됩니다. 나의 생각이 절대적인 것으로 생각해서는 결코 안 되지요. 어떤 생각을 가지게 되었을 때, 그것이 단지 나의 생각에 지나지 않는 것인지, 사람들을 참으로 도울 수 있는 생각인지 정확하게 판단할 수 있는 감각을 발전시켜야 하지요. 두 번째 길은 다른 공동체를 찾아보는 것입니다. 공동체들 중에는 내가 그곳에 가서 실력발

휘를 제대로 할 수 없는 데가 있어요. 나의 상황을 잘 분석하고 평가해 본 뒤에 내가 지닌 성격과 능력으로는 차라리 다른 공동체에 더 잘 어울릴 수 있다는 사실을 받아들여야 합니다.

그러나 그러한 사제는 목자로서의 삶에서 실패하여 하느님께서 정해 주신 곳을 자의적으로 포기하고 멀리 도피하는 것 같은 인상을 받을 수 있겠습니다.

갈등이 발생하자마자 사제가 공동체를 바꾸는 것은 결코 좋은 일이 아닙니다. 첫 번째 길은 일어난 갈등을 피하지 않고 직면하여 본당 사목위원들과 함께 문제를 풀어 나갈 길을 찾는 것에 해당합니다. 예를 들어 사제가 자신이 하는 강론에서 어려움을 느끼면 그 원인이 무엇인가에 대해 살펴보아야 합니다. 사람들에게 감동을 주기 위해 더 배워야 할 부분이 무엇인가를 알아보아야 하지요. 그러나 어떤 경우에도 모든 사람들을 만족시킬 수는 없다는 사실도 반드시 알아야 합니다. 모든 사람으로부터 사랑을 받겠다는 환상으로부터 빨리 벗어나야 해요. 자신에게 주어진 공동체에서 어떤 일도 제대로 할 수 없고 그곳에서 하는 일이 자신의 에너지를 너무 많이 소진시키며 마음의 반감이 대단히 큰 것이 장시간 지속되는 것을 느낄 경우에는 공동체를 바꾸는 것을 생각해 보아야 합니다. 하느님의 뜻은 사제가 내적 평화와 자유를 더 많이 느끼는 곳에 있어요. 새로운 공동체에 대한 생각이 그것을 생각하는 사제 안에 새로운 활력을 불러일으키고 내면에 고요함을 가져다주면 그것이 바로 하느님의 뜻이라는 표시입니다.

평신도들이 본당 공동체와 교회적 삶에 수동적이 아니라 적극적으로 참여하도록 할 수 있는 어떤 처방이라도 있나요?

평신도들이 본당 사목회의에서나 여러 가지 단체에서 책임감을 가지고 적극적으로 일해 나간다면 사제는 그것에 대해 감사하게 생각해야 합니다. 평신도들은 자신이 어떤 영향력도 발휘할 수 없고 누구도 자신의 능력을 필요로 하지 않는다는 느낌을 받을 때 수동적이 되는 경향이 있어요. 평신도들이 때로는 사제와 인간적인 관계를 맺는 일에 실패하기도 합니다.

생기 있는 공동체에는 전례를 잘 집행할 수 있도록 준비하는 일에 책임감을 느끼는 사람, 다른 사람들에게 복음을 전하거나 먼 곳에서 선교하는 일에 관심을 갖는 사람, 노약자나 병자를 돌보는 일에 적극적인 사람, 소외된 사람들에게 관심을 갖는 사람들이 많습니다. 게다가 평신도가 성체를 분배하도록 하는 것, 독서를 하는 것, 말씀의 전례를 집행하는 것을 잘 해 나갈 수 있도록 교육하여 공동체 안에서 실제로 행하도록 하는 것도 매우 중요합니다. 적극적으로 참여할 수 있고 의미 있는 역할을 할 수 있을 때 사람들은 기쁨을 가지고 공동체에 함께하지요. 또 한 가지 중요한 사항은 개개의 평신도에게 너무 많은 일을 맡겨서 지치게 하는 일이 없어야 합니다. 사제는 일과 책임을 가능한 한 많은 사람들에게 나누어 주어야 해요.

평신도들 중에서도 제법 오래전부터 여성들이 공동체 안에서 많은 역할을 해 왔습니다. 오늘날 세상에서 여성들도 지극히 당연하게도 자신의 자리를 확보하고

있는데, 교회 안에서도 자의식이 뚜렷해졌어요. 그중 일부는 - 독일어권에서만 이 아니라 - 과거에 문화적으로나 사회적으로 완전히 다른 상황에 놓여 있던 그리스도교 안에서 형성되었던 신학이 여성들의 역할을 제한해 둔 것에 대한 반감이 큽니다. 미래의 교회에서 여성들이 할 수 있는 역할은 어떤 것일까요?

여성들이 자신의 원초적인 카리스마를 교회 안에서 발휘하는 것은 중요한 사항입니다. 신앙에 대한 새로운 시각도 그중 하나입니다. 여성들은 성경을 다르게 해석하지요. 이들은 남성들이 놓치는 것을 보기도 하고 새로운 형태의 전례를 발전시키기도 해요. 이들은 의식에 대한 감각을 가지고 있습니다. 또한 진정성을 잘 구별해 내는 직감도 지니고 있어요. 이데올로기화하는 것, 권력을 추구하는 것, 거짓된 논리로 전개하는 말 뒤에 숨어드는 것과 같은 것들을 잘 벗겨냅니다.

여성들은 자신의 직감을 신뢰하여 남성들의 논리에 지배당하는 일이 없도록 해야 합니다. 여성들도 남성들이 전유해 온 직무들을 수행할 수 있다면 참으로 좋은 일입니다. 예를 들어 여성들도 부제와 사제로 축성될 수 있다면 좋겠지요. 이러한 일이 실제로 일어나기까지는 아직도 많은 시간이 걸릴 것입니다. 그때까지 여성들은 사제로 일할 수 있는 능력을 자신 안에서 발굴하는 일을 결코 포기하지 말아야 합니다. 여성 사제들은 열정을 지키는 사람들입니다. 과거 로마시대에 여성들은 신전의 성스러운 불을 지키는 존재였지요. 여성 사제들은 이 세상 안에 존재하는 사랑의 불길을 지켜가야 합니다. 거룩한 것을 자신 안에 보호하고 사람들이 자신의 마음 안에 있는 고유한 성스러움으로 들어가는 문을 열어 주어야 합니다. 바로 이곳에 하느님께서 거주하시지요.

교회로 다시 한번 더 돌아옵시다. 프랑스 출신 신학자인 이브 콩가르 Yves Congar 가 교회는 가난해야 하고 봉사하는 존재가 되어야 한다는 주장에 대해서 어떻게 생각하시나요? 오늘날 교회가 가난과 봉사를 구체적으로 어떤 모습으로 드러내야 하나요?

공의회는 가난을 교회의 본질적인 표시로 보았습니다. 교회가 가난한 사람들에게 관심을 가지고 다가갈 때 그리고 자신의 삶을 가난한 사람들과 함께할 때 교회는 가난합니다. 다른 한편으로 조직체로서의 교회는 언제나 돈을 필요로 하지요. 문제는 돈을 어떻게 다루느냐와 가난한 사람들을 위해 돈을 쓰느냐에 달려 있어요. 돈이나 재산 또는 사회적 명성을 얻을 수 있는 프로젝트에 매이지 않고 "가난한 상태로 가난한 예수님을 따를 때" 교회는 내적으로 자유롭고 가난합니다. 교회의 가난은 오늘날 한편으로는 단순한 삶의 형태를 유지하는 것을 통해, 다른 한편으로는 가난한 사람들을 위해 일하는 것을 통해 분명하게 드러날 수 있어요. 그뿐만이 아닙니다. 교회는 가난한 사람들을 위해 목소리를 높여야 하고 이 세상에 존재하는 불의한 체제들을 타파하는 데에도 관심을 가져야 합니다.

신부님은 오늘날의 교회가 가난하다고 생각하십니까? 여러 명의 아이들을 키워야만 하는 젊은 가정들이 일부 신부님이나 수도자들이 좋은 자동차를 타고, 잘

꾸며진 사제관이나 수도원에서 좋은 서비스를 받으면서 살아가는 것을 보면 질투를 느낄 수도 있을 것 같은데요.

가난을 단순히 삶의 수준에만 적용해서는 안 됩니다. 그렇지 않으면 가난이 삶을 빈약하게 하는 원인이 될 수 있어요. 아프리카에서 살아가는 가난한 사람들이 맥주를 마실 형편이 못 된다 하여 저도 어떤 맥주도 마시지 못하게 금한다면 가난이 윤리적인 요소로 변질되지요. 가난은 단순한 삶에서 드러나는데, 무엇보다 나의 삶과 재산을 가난한 사람에게 나누어 주고자 하는 준비된 자세에서 드러납니다. 사제와 수도자들은 자신의 가난에 대해 언제나 다시 살펴보아야 하고 이것을 단순히 정신적인 것에만 국한하지 않도록 주의해야 합니다. 이러한 것은 이들에게 지속적인 도전이기도 합니다.

신부님은 물질적인 어떤 것에 집착하는 느낌을 아십니까?

저는 수도원의 관리책임자인 당가로서 수도원이 수도원에서 일하는 모든 직원의 월급을 제때에 줄 수 있도록 하기 위해 노력해야 합니다. 그래서 돈을 벌어들이기 위해서 수도원이 운영하는 사업들이 이익을 남기도록 해야 하고 돈을 잘 관리해야 하지요. 이러한 상황에서 저는 제 안에 성취하는 것에 매달리려는 경향이 들어 있는 것을 이미 간파하고 있어요. 돈은 고유한 매력을 지니고 있습니다. 그렇기 때문에 이러한 것과 거리를 유지해야만 하는 것이 제게는 영적 도전이 됩니다. 제가 외적인 사물들에 매이는 경우는 드뭅니다. 좋은 음악을 듣기를 좋아하기 때문에 당연하게 저의 CD플레이어를 좋아합니다. 그러나 제가 이것을 가지지 않는다고 하더라도 세상이 몰락하는 일은 없지요.

다른 한편으로 재산은 결코 죄가 될 수 없습니다. 무엇보다 정당하게 그것을 형성했다면 말입니다. 그런데 성공의 길을 달리고 있는 사업가가 언제 절약을 해야 하고 언제 자신의 재산을 누려도 되는지 어떻게 인식할 수 있겠습니까?

사업가는 자신의 사업을 경제적으로 안전하게 지켜낼 수 있어야 하지요. 미래의 안전을 위해 예비자금을 필요로 하고, 무엇보다 어려운 시간이 닥쳤을 때 견뎌 내야 합니다. 모든 사람이 자신을 소용돌이로부터 지켜내야 하고 돈을 잘 관리해야 하지요. 어떤 사람이 점점 더 돈을 모으는 데에만 혈안이 되어 절도를 모르는 상태에 이르면 그는 재산에 의해 지배당하게 됩니다. 중요한 것은 다른 사람들에 대한 책임감입니다. 만약 내가 그들의 권리와 욕구들에 관심을 가지지 않으면 나 자신이 삶에 대해 만든 표상의 노예가 되는 것입니다.

요한 B. 메츠 Johann B. Metz 는 공의회가 끝난 이후 『수도원의 시대』라는 책을 저술했습니다. 수도원이 자신의 특별한 존재 형태로 선구자적인 역할을 해 줄 것으로 기대했던 시절이 있었지요. 신부님은 오늘날의 상황에서 이러한 것을 어떻게 보시나요?

수도자들과 대화를 하면서 일부 수도원들이 성장하고 있고 최소한 자유롭고 개방적인 분위기를 가진 것도 느낍니다. 교구 사제들과 대화를 하면서는 불평을 많이 듣지요. 교구 사제들은 교황청에서 온

규정들과 본당공동체에서 사목적인 일에서 발생하는 요구들 사이에서 무력감을 느낍니다. 나에게는 수도원이 늘 자유로운 공간으로서 성령이 그 안에서 언제나 다시 새로운 활력을 불러일으키는 곳입니다. 수도원은 제도적인 교회에 매여 있지 않지요. 수도원들은 교계제도에 눈치를 크게 보지 않아도 됩니다. 교구 사제는 종종 투사와 같아 보입니다. 수도회가 가진 장점은 미래에 대한 비전을 함께 만들어서 그것에 맞는 프로젝트를 수행할 수 있는 것입니다. 저는 수도공동체들도 오늘날 교회와 사회 안에서 해야 할 예언자적 역할에 대해 잘 감지하고 있다고 확신합니다. 무엇보다 함께 하느님을 찾고 영성의 길을 가는 것이 중요해요. 개개인이 산만하게 고립될 위험은 물론 수도원 안에도 있어요. 카리스마를 지닌 개개인들이 있기는 하지만 지속되는 쇄신을 불러일으키지 못할 때에는 문제가 아닐 수 없지요. 쇄신은 개개인을 필요로 하지만 공동체도 필요로 합니다. 그렇게 할 때 구루와 같은 존재로 머무는 위험을 피할 수 있으니까요.

9
예술과 영성 그리고 함께 걷는 여정

믿음, 의혹, 유머 그리고 음악에 대하여

오늘날 그리스도인이 어떻게 하면 세상의 소금이 될 수 있을까요? 이것은 현대 사회에서 무엇을 의미하는가요?

소금은 맛을 내고 정화하며 부패되지 않도록 보호하지요. 이 비유는 그리스도인이 단순히 이 세상 속에 적응하여 함께 헤엄을 치기만 해서는 안 된다는 것을 말합니다. 그리스도인은 예수님께 초점을 맞춘 자신의 삶을 통해 인간적인 삶에 다른 가능성도 있다는 증거를 예수님과 함께 제시하는 존재입니다. 그리스도인은 하느님의 뜻을 찾지요. 하느님의 뜻을 따르고 다른 사람들과 화해하는 삶을 살고자 합니다.

그러나 동시에 그는 화해를 위해 이 세상에 나아가야 하고, 소외된 사람들에게 관심을 가지며 오늘날의 사회가 지닌 비인간적인 경향들을 드러내는 예언자적 과제를 지니고 있습니다. 세상의 현재 상태에 대해 만족하고만 있을 수는 없습니다. 인간의 가치가 존중되지 않고 간과되는 곳이면 어디에서나 자신의 목소리를 높여야 하지요. 사회를 위한 양념이 되어야 합니다. 그리고 또한 세상을 위해 하는 활동에서 자신의 이기적인 이익을 추구하는 일이 없도록 조심해야 해요.

신자들이 그런 일에 앞장서기는커녕 종종 종교적 게토 속으로 들어가서 선택받은 존재라는 느낌을 즐기려는 유혹에 시달리는 경우도 있습니다. 서로 모여서 담을 높이 쌓아 올리고 그 안에서 우리끼리 안전함을 느끼고 서로 돕는 데에만 머물 위험이 어디에 있다고 보십니까? 수도원들도 자신을 의식적으로 주변 세계와 분리시키지 않습니까?

그렇습니다. 수도원들은 의도적으로 그리스도교적 분위기를 조성하여 이 세상과 대비되는 그리스도적 사회를 만듭니다. 이러한 것은 전적으로 의미가 있는 일이지요. 그러나 이러한 그리스도적 사회가 세상과 대화를 하려고 의식적으로 노력할 때 그리고 바람직한 삶의 모델을 사람들에게 제시할 때에만 의미를 지닐 수 있어요. 그리스도인들이 게토 속으로 물러나고 말면 그 스스로 포기하고만 형국이 됩니다. 그러면 그리스도인들은 더이상 세상을 위한 누룩이 아닌 것이지요. 이러한 상태에서는 그리스도인들 스스로 일반 세상의 다른 사람들보다 더 우월한 것으로 여겨서 이 세상을 예수님의 정신으로 형성해 나가는데 어떤 영향력도 가지지 못할 위험이 발생하게 됩니다.

신앙의 근거에 대해 어디까지 추구할 수 있나요? 그리스도인 중에는 확고한 신앙과 그 근거에 대한 탐구를 연결하는 것에 어려움을 느끼는 사람들이 있습니다.

베네딕토 성인은 수도자는 참된 하느님을 찾아 나서는 존재로 이해했습니다. 우리의 일생은 하느님을 찾는 과정이지요. 하느님께 대한 신앙은 결코 완벽한 상태로 소유할 수 없는 것입니다. 저는 언제나 다시 물어봅니다. 이 하느님은 참으로 누구일까? 내가 하느님, 예수님, 사람에 대해 쓴 책들은 과연 진실일까? 그리스도적 신앙은 우리의 질문에 대답을 하기는 합니다만 새로운 질문들을 던지기도 하지요. 하느님은 사람들이 당신에 대해 생각하는 모든 표상을 항상 넘어서는 분이기 때문입니다. 하느님은 나의 표상들과 개념들을 넘어선 세계에 계십니다. 하느님을 찾아 나서는 행위는 사람을 생기 있게 합니다. 누군가가 나는 확고한 신앙을 가지고 있고 모든 것에 대한 답을 알고 있다고 생각한다면 내면의 세계가 성장하지 못하고 멈추고 말 것입니다.

그렇다면 신앙에 대한 의심은 그리스도인들의 삶에 언제나 따라다니는 자연적인 것으로 보아도 되나요? 만약 그렇다면 좀 더 깊은 믿음을 향한 추구의 표현이거나 자신이 지닌 표상들을 바꾸려는 노력의 표현이며, 이와 반대로 소심함의 표현인가요?

의심도 믿음의 근본적인 요소 중 하나입니다. 영적인 길에서 우리가 확고하게 정해진 하느님 표상에 매여 있을 위험이 언제나 존재하지요. 의심은 나로 하여금 이러한 표상들을 고치기를 강요합니다. 예를 들자면 기도하는 중에 내가 지금 하느님께 대한 허상을 나에게 말하고 있는 것은 아닐까, 믿음이 과연 어떤 의미를 지니고 있기나 할까 같은 의혹이 일어날 수 있습니다. 이럴 때 나는 이 의혹을 끝까지 몰고 가는 생각하기를 시도합니다. 그러면서 다음과 같이 자신에게 말합니다. 좋아, 내가 하는 모든 것이 환상이라고 하자. 그렇다면 모든 것이 이치에 맞지 않고 허무맹랑한 것이다. 이 지점에 도달하면 제 안에서 갑자기 나는 아우구스티누스 성인과 아빌라의 데레사 성녀가 믿고 살았던 신앙을 믿고 성경을 신뢰한다는 깊은 생각이 떠오릅니다. 그리고 마지막으로 다음과 같은 결단을 내리게 됩니다. 그래, 나는 이 카드에 내기를 걸겠어! 물론 무엇이든 조금도 허용하지 못하는 졸부들의 의심도 있지요. 이러한 것은 물론 건강하지 못하고 하느님을 멀리하게 합니다.

일부 그리스도인들은 교회의 지침 뒤로 숨어드는 경향을 보이고 있습니다. 교회의 지침들이 그들에게 올바른 방향에 대한 확신을 주고 동시에 외부 세계를 판단할 수 있는 가능성을 제공하기 때문입니다. 이들은 교회의 지침들을 충실하게 지키면 그것은 좋은 것이고 구원을 받는 것으로 여깁니다. 그러나 그러한 모습의 그리스도교는 주변 세계의 눈에 내적 자유와 기쁨이 없는 계율적 종교로 비칠 수 있지요. 이러한 현상의 원인은 무엇인가요?

교회가 정해 주는 방침들과 계율들은 사람들로 하여금 일정한 방향을 향해 지속적으로 걸어가도록 하는 일에 도움을 줍니다. 이스라엘 백성도 건강한 삶을 살도록 좋은 방침을 십계명으로 제시하신 하느님을 찬양합니다. 물론 계명을 다른 사람들에게 무기로 사용할 수도 있습니다! 내가 계율들을 잘 지키는 좋은 사람이므로 다른 사람들보다 나은 사람이란 생각을 부각시킬 수 있어요. 믿음이 이러한 방향으로 잘못 사용되면 예수님께서 강하게 비판하신 바리사이들의 잘못을 되풀이할 위험에 빠져들지요. 이런 위험은 많은 그리스도인들에게 해당됩니다. 엄격한 계명 준수는 내적 욕구들을 억압하는 방향으로 나아갈 수 있어요. 앞에서 언급한 억압된 공격성은 다른 사람들에 대한 비판으로 드러납니다. 신심 깊다는 사람들의 잔혹성은 이것과 연계되지요. 이들은 다른 모든 사람을 죄인으로 판정합니다. 내가 만약 다른 사람들을 악마로 여긴다면 그것은 내 마음 속에 마귀가 자리잡고 있는 것을 증명하는 것입니다. 그러나 내가 만약 십계명을 나의 삶을 위한 이정표로 여긴다면 십계명은 구원을 가져오는 것이 됩니다. 십계명에 비추어 본 나의 삶에 그림자가 있을지라도 그러해요. 그런 경우에도 나는 나의 이웃들에게 여전히 개방된 자세를 취합니다. 그러므로 계명들을 지키려는 노력을 시작하기 전에 긍정적인 영적 체험을 하는 것은 대단히 중요한 일입니다.

일부 그리스도인들은 신앙을 계율적인 것으로 생각하여 내적으로 좌절하기도 합니다. 자신들이 절제하고 포기하는 것을 주변 사람들은 버젓이 즐기고 있는 것을 보기 때문입니다. 이러한 현상을 어떻게 하면 극복할 수 있을까요?

어떤 사람이 다른 사람들이 넉넉하게 살아가는 모습에 대해 시기심을 느낀다면 그 사람도 그에 대한 욕구를 지니고 있다는 표시이지요. 넉넉한 삶을 교회가 금하기 때문에 그렇게 살아가지 않는 것이라면 그리스도인으로서 아직 충분히 성장하지 못한 것입니다. 근본적인 문제는 어떤 것이 삶을 증진시키는 것이며 어떻게 하면 성공적인 삶을 살아갈 수 있는가 하는 것이지요. 만약 내가 나의 주변에 있는 모두가 삶을 즐기면서 살아가는 모습을 본다면, 그들이 살아가는 삶의 양태가 그들에게 좋은 삶을 선사한 것인지 아니면 그들이 그러한 삶을 통해 어떤 새로운 것들에 중독되고 있는 것은 아닌지 살펴보아야 합니다.

그리스도교적 삶에는 포기와 즐김이 공존합니다. 어떤 것도 포기할 수 없는 사람은 결코 뛰어난 사람이 되지 못하지요. 심리학은 사람이 악을 행하는 이유는 쾌락 때문이 아니라 의혹 때문이라는 주장을 합니다. 그러므로 내적 고요와 평화를 지니고 실제로 행복하게 살아가는지를 아는 것은 매우 중요한 사항입니다.

자신이 참으로 행복하다는 사실을 어떻게 인식할 수 있나요?

행복은 붙잡아 둘 수도 확언할 수도 없는 것이지요. 자기 자신과 일치하고 있는 사람, 자신의 삶에 대해 감사하는 사람, 자기 자신과 자신이 처한 삶의 상황에 대해 "그래, 좋아."라고 받아들일 수 있는 사람이 행복한 사람입니다. 자신의 행복에 너무 매달리는 사람, 자신에 대해 골똘히 생각하기만 하고 자신이 마침내 행복하게 되었는지 어떤지 관찰하기만 하는 사람은 참된 행복을 결코 체험할 수 없어요. 자기 자신을 잊어버릴 수 있는 사람은 자신의 행복을 감사하며 찬미의 노래를 부를 수 있는 사람입니다.

사람은 사랑을 받을 때 가장 행복합니다. 다른 한편으로 오늘날만큼 사랑이라는 단어가 자주 사용되고 왜곡된 적은 없었지요. 그리스도교에서 사용하는 전문 용어들 중에서 사랑은 핵심적인 개념입니다만 일상적인 삶에서는 천 가지도 넘는 의미로 사용되고 있어요. 이러한 상황에서 다른 사람에게 하느님의 사랑에 대해 그 무엇을 말하는 것이 도대체 가능하기라도 한가요?

저는 하느님의 사랑에 대해 결코 온전히 신학적으로만 설명할 수는 없습니다. 그렇게 하면 사람들에게 닿지 않고 지나치고 말지요. 사랑의 체험으로부터 시작해야 합니다. 우리의 인간적인 사랑의 체험 안에 벌써 하느님 사랑을 짐작할 수 있는 것이 들어 있어요. 모든 사람은 사랑하고 사랑받기를 동경하지요. 사랑은 우리를 매혹시킵니다. 그러나 동시에 오늘날 많은 사람들이 사랑이 얼마나 깨어지기 쉬운 것인지, 얼마나 빨리 그 반대로 돌아설 수 있는 것인지 체험합니다. 우리의 인간적인 사랑은 언제나 소유하고 싶은 욕구와 통제하고 싶은 바람이 섞여 들어 있지요.

매혹적이면서도 동시에 깨지기 쉬운 사랑을 체험하면서 사람들은 사랑 이외에 어떤 것도 아닌 순수한 사랑을 동경합니다. 제가 이러한 동경에게 말을 걸면 우리에 대한 하느님의 사랑이 절대적이라는 것을 사람들에게 이해시킬 수 있어요. 하느님의 사랑은 아무런 조건이 없고 다른 의도가 섞여 있지 않아 맑고 투명합니다. 문제는 우리가 하느님의 사랑을 느끼지 못하는 경우가 잦은 것에 있지요.

어떻게 하면 오늘날 사람들에게 예수님의 죽음과 구원의 신비를 하느님 사랑의 표현으로 좀 더 잘 설명할 수 있을까요?

먼저 집약적으로 요약된 교리서에 간혹 잘못 기술된 내용들부터 멀리해야 합니다. 하느님은 우리 죄를 용서하시고 우리를 구원하시는 일에 당신 아드님의 죽음을 필요로 하지 않으셨어요. 하느님은 우리를 사랑하시기 때문에 아무런 조건 없이 용서하시는 분이십니다. 예수님이 사람이 되신 것의 첫 번째 목적이 우리를 위해 죽으시기 위해서가 아니라 우리 가까이 계시고 자비로우신 하느님께 대한 기쁜 소식을 선포하기 위해서였지요. 당신이 그러한 삶을 사시는 중에 당시 세상을 지배하던 계층으로부터 죽음을 당할 수 있겠다는 것을 염두에 두셔야만 하게 되었어요. 예수님은 제자들과 모든 사람과의 유대를 위해 죽음을 받아들이신 것입니다. 십자가는 당신이 사람으로 오신 것의 완성입니다. 예수님은 한 사람이 겪을 수 있는 모든 것을 함께하시는 사람으로 이 세상에 오신 것입니다. 용서에 관한 당신의 복음은 십자가에서 명백하게 증명되었어요. 예수님 스스로 자신을 죽인 사람들을 용서하신다면 우리도 하느님께서 우리를 용서하신다는 사실을 신뢰해도 좋은 것이지요.

성경은 십자가에서 예수님이 돌아가신 것을 단지 죄의 용서에만 연결시키고 말지는 않아요. 성경은 용서에 관한 열두 가지 다양한 모델들을 제시합니다. 각 모델 안에 십자가는 중요한 역할을 수행하지요. 루가 복음사가에게 십자가는 우리가 하느님의 영광에 도달하기 위해서 반드시 통과해야만 하는 수많은 난관들을 표상합니다. 마르코 복음사가에게 예수님의 십자가는 사람들을 병들게 하고 억압하는 어둠의 세력들과 악마들을 이기는 존재입니다. 요한 복음사가에게 십자가는 사랑의 완성입니다. 십자가에서 우리는 하느님께서 이 세상에 존재하는 모든 높음과 낮음, 모든 분열과 갈등 안에서도 우리를 사랑하시고, 어떤 것도 우리 안에 있는 하느님의 사랑을 방해할 수 없다는 사실을 인식합니다. 우리는 구원의 신비에 대해 그리고 십자가의 신비에 대해 오직 그림을 제시하듯이 말할 수 있을 뿐입니다. 성경에서도 그렇게 하고 있듯이 말이지요.

교회 안에서는 사용하지만 일반 세계에서는 그 의미를 잃어 버린 개념인 죄에 대해 언급해 봅시다. 물건을 사는 데에 절제하지 못하고 필요한 것보다 좀 더 구입했을 때, 멋진 고급 레스토랑에서 식사를 하거나 경치가 좋은 커피하우스에서 맛있는 케이크와 함께 커피를 즐기는 것에서 죄의식을 느끼는 사람들이 있습니다.

오늘날 죄를 계명을 어기는 의미로 이해하는 것에 있어서 요즘 사람이 이전 사람보다 약한 것은 사실입니다. 그러나 자신이 하는 모든 것이 다 좋은 것은 아니란 것을 정확하게 감지하지요. 다른 사람들을 다치게 할 때도 있고 자신에게 충실하지 못할 때도 있어요. 이러한 것을 저는 "죄"라고 하기보다는 "잘못"이라고 하고 싶군요. 사람이 잘못을 할 수 있다는 사실에 대해서는 시인들과 심리학자들이 충분히 알고 있어요. 심리치료사들은 내담자들과 상담을 할 때 죄의식이란 주제를 자주 다룹니다.

사람이 계명을 어김으로써 잘못하는 것이 아니라 자신의 양심을 거슬러 살거나 자신의 양심을 통해 말씀하시는 하느님을 거스르면서 자신의 삶을 거부할 때 잘못을 범하는 것이지요.

신부님이 저술하신 『아래로부터의 영성』에서 신부님은 그리스도인의 삶에 기본이 되는 것 중에 유머도 속하는 것으로 쓰셨지요. 그러나 일부 사람들은 복음서들에 예수님의 웃음이나 유머와 관련된 것에 대한 보도가 전혀 없고 믿음은 지나치게 진지한 사항이라는 반박을 합니다. 여기에 대해 한 말씀해 주십시오.

유머는 매우 중요한 역할을 하는데 특히 자기 자신에 대한 올바른 생각을 형성하기에 그러합니다. 초기 수도자들은 겸손humilitas, Demut 을 영적인 사람임을 드러내는 가장 중요한 표지로 여겼어요. 겸손에는 유머도 속합니다. 후밀리타스humilitas 는 땅humus 과 유머humor 와 관련되지요. 유머는 자신이 땅과 깊은 관계가 있다는 사실을 받아들이고 우리가 우리 자신에 대해 가지는 지나치게 진지하고 유머감각이 없는 이상적인 표상들로부터 거리를 유지하게 합니다. 유머는 편안함, 부드러움, 자기 자신에 대한 웃음이에요. 이러한 내적 자유가 외부로 드러나는 것은 당연한 논리이지요.

자기 자신에 대한 이러한 중요하고 건강한 시각은 하느님께 대한 올바른 시각을 위한 전제조건입니다. 성경은 하느님의 유머로 가득 찬 이야기들을 해 줍니다. 예를 들어 요나서는 유머로 가득하고,

처음에는 두려움과 고통으로 가득했던 엘리야 예언자도 그러하지요. 그럼에도 불구하고 하느님은 그를 소위 말하는 유머 학교인 당신의 학교에 받아들입니다.

    복음서들을 읽어 보면 예수님께서 유머감각을 많이 지녔다는 사실을 인지하게 됩니다. 비유들 속에서 그분의 유머가 번쩍번쩍하지요. 주인을 속인 청지기 이야기와 재판관을 날마다 성가시게 하여 청을 계속해서 들어주지 않으면 과부로부터 따귀라도 한 대 맞을지도 모른다는 두려움을 갖게 한 과부 이야기에는 예수님의 유머가 깃들어 있습니다. 예수님은 이 세상살이에서 이율배반적인 요소가 많은 것을 알고 계셨고, 권세가들의 우스꽝스러운 모습을 드러내어 그들의 진면목을 보여 주실 줄도 알고 계셨어요. 예수님께서 말씀하신 비유들에 유머와 정신적인 내용이 풍부하지 않았더라면 사람들에게 그렇게 큰 매력으로 다가갈 수 없었을 것이지요.

    유머는 내면의 기쁨과 긴밀한 관계에 있습니다. 유머가 부족한 것은 기쁨의 부족에 기인한 것인가요? 달리 말해서 유머가 부족한 사람은 복음을 내면으로부터 깊이 받아들이지 않았다는 것을 드러내는 표시가 아닌가요?

    유머 부족은 내적 기쁨에 너무 관심을 두지 않은 것과 틀림없이 관련됩니다. 최종적으로는 예수님의 기쁜 소식을 제대로 이해하지 못한 결과라고 말할 수도 있어요. 예수님의 기쁜 소식과 치유행위에 대한 사람들의 반응은 언제나 기쁨이었거든요.

칼 라너 신부님께서 한 번은 이렇게 말씀하신 적이 있습니다. "미래의 그리스도인은 신비가일 것이다. 어떤 것을 체험한 존재로서 그리스도인으로 남든지, 그렇지 않으면 믿음을 포기하고 말 것이다." 신부님은 이에 대해 어떤 말씀을 하시겠습니까?

이 말씀은 저에게도 칼 라너 신부님의 말씀 중에서 핵심적인 것에 속합니다. 이 말씀은 오늘날 자주 인용되곤 하지요. 라너 신부님은 이 말씀으로 미래의 그리스도인은 이론이나 교의에만 매달리지 않는다는 것을 의미하십니다. 미래의 그리스도인은 하느님께 대해 어떤 것을 체험해야 합니다. 그렇지 않으면 이 세상에서 그리스도인으로 살아가는 것을 견뎌 내지 못하고 포기할 것입니다. 그러한 체험이 없으면 자신을 지탱하고 있는 것에 대한 설명을 제대로 하지 못할 것입니다. 라너 신부님은 이러한 말씀으로 초기 그리스도인들의 체험을 언급하신 것이지요. 초기 그리스도인들은 깊은 영성적 체험으로부터 자신의 신앙을 설명했기 때문에 사람들을 설복시킬 수 있었어요.

그런데 보통 사람이 어떻게 신비가가 될 수 있을까요? 신비가로 인정받는 사람은 오직 수도원의 고요 속에서 외부 세계의 방해를 받지 않고 기도하는 사람뿐인데요. 그러한 길은 많은 사람들에게 가능하지 않는 길이지요.

신비가는 하느님을 체험하는 사람입니다. 그런데 누구나 하느님을 체험할 수 있지요. 단지 자신의 마음을 열면 됩니다. 날마다 체험하는 것을 의식해서 체험하고, 자신이 하는 모든 것에서 - 고요 속에서나, 소음 속에서나, 휴식하는 중에서나, 일하는 중에서나 - 하느님의 신비에게 열려 있어야 하고 그것을 볼 마음이 있어야 해요. 신비의 핵심은 체험입니다. 단어 자체가 나는 어떤 것을 보았다, 내적 깊은 통찰을 가졌다는 것을 의미해요. 내가 어떤 환시를 보았다는 것이 아니라 내 존재의 바탕을 보았다는 것이고 그곳에서 하느님을 내 존재의 참된 바탕으로 보았다는 것입니다.

신비의 초시간성은 어디에 있다고 보십니까?

종교적 사람은 영성적 체험으로부터 살아갑니다. 이러한 의미에서도 그는 신비를 필요로 하지요. 믿음은 당연하게도 다양한 극점을 지니고 있어요. 믿음과 윤리, 신비와 정치, 기도와 일 등이 여기에 해당합니다. 우리는 언제나 양쪽 극점 모두를 필요로 해요. 한쪽만을 절대적인 것으로 들어 높이면 종교는 왜곡되어 오류에 빠져들고 맙니다. 교회는 지난 오랜 기간 윤리적인 측면만 강조하면서 영적 체험에 대해서는 소홀히 했어요. 그러므로 오늘날 신비를 다시 찾는 것은 중요한 일입니다. 교회는 또한 자신의 사회적 책임에 대해서도 언제나 알고 있어야 하기 때문에 체험에만 매달려서도 안 됩니다. 영적 체험의 영역에만 관심을 둘 경우에는 그것 역시 한쪽으로 치우치는 결과를 낳아, 얼마 못가서 또는 다소 시간이 흐른 후에라도 언젠가는 웃음거리가 되고 말 것입니다.

10
죽음, 신비 그리고 천사

예술, 죽음 그리고 천사들에 대하여

인간이 오늘날만큼 많은 혼란에 빠져든 적이 없었다고 말하는 사람들이 꽤나 있습니다. 인간은 자신의 내면을 파악하고 제대로 알기 위해 심리분석가의 도움을 필요로 합니다. 이러한 상태가 된 원인이 어디에 있다고 생각하십니까?

오늘날엔 인간이 인간에게 수수께끼 같은 존재가 되어 버렸습니다. 인간의 신비를 해명해 보려는 수많은 시도들이 있어요. 인간의 정체에 대해 해명하겠다는 많은 이론들로 인해 혼란스러워하고 있지요. 오늘날 인간은 두 발을 굳건히 딛고 서서 자기 자신의 상태에 대해 설명할 튼튼한 바탕이 없습니다. 그래서 인간은 자신의 생각과 느낌을 해석하는데 도움을 줄 사람들을 필요로 하고 있어요. 오늘의 인간은 자기 자신에게 존재하지 못합니다. 자신에 대한 건강한 인식능력을 상실하고 말았어요. 그러므로 그는 자신을 이해하기 위해 다른 사람들의 해석들을 들어야만 합니다. 자기 자신으로부터 멀어져 있는 상태가 바로 이러한 현상의 원인입니다.

블레즈 파스칼은 인간이 비참한 처지에 있는 원인은 불안정성에 있는 것으로 보았지요.

블레즈 파스칼은 누구도 혼자 자신의 내면의 방에 머물 수 없는 것 때문에 인간이 비참한 처지에 있는 것으로 본 것이지요. 자기 자신과 함께 있는 것을 견딜 수 없는 사람은 지속적으로 이리저리 방황합니다. 자신의 진면목을 대면하려 하지 않고 자신으로부터 달아나지요. 자기 자신으로부터 달아나는 것이 사람에게 좋을 리가 있나요! 새로운 활동을 전개하려 하거나 쾌락을 찾아 도망칩니다. 오직 진리만이 우리를 자유롭게 한다고 예수님께서 말씀하셨지요. 도망치는 행위는 내적 압박들만 가중시킬 뿐입니다.

이러한 현상이 바로 수많은 사람들이 오늘날 텔레비전 앞에 앉아 시시한 코미디나 연예인들의 잡담을 보는 것을 즐기면서 수동적인 대화로 만족하는 원인이 아닌가 하는 생각도 드는군요. 일부 사회학자들은 우리의 문화가 몰락을 향하고 있다는 예언을 하기도 합니다.

대중문화 전체가 이러한 현상을 보이고 있어요. 대중문화는 외부의 자극들로 산만해지기를 원하기조차 합니다. 부산한 삶은 자기 자신으로부터 도피하게 하지요. 자신의 진면목을 대면하는 대신 텔레비전으로 덮어 버리고 맙니다. 본질적인 질문들에 봉착하지 않기 위해 나에게 잡담이라도 걸어오기를 바라는 것이지요. 텔레비전 앞에 앉아 있으면 나 자신을 소비하기가 수월합니다. 그러나 텔레비전으로 덮어 버린 모든 것은 밤에 다시 나를 엄습해 오고야 말지요. 시끄러운 꿈자리나 불안정한 잠을 통해서 말입니다. 나는 나 자신의 시간을 나 스스로 설정하고 운영함으로써 대중문화산업으로부터 나를 보호할 수 있어요. 때로는 텔레비전을 집밖으로 내던지는 것이 도움이 되기도 합니다.

인간의 문화적 삶과 영성적 삶은 어느 정도 서로 연계되어 있는가요? 다른 말로 하자면, 대중문화는 그것을 즐기는 사람의 영성적 삶에 지장을 주지는 않나요?

대중문화의 의미는 이러한 것과 완전히 다르지요. 대중문화는 그것을 즐기는 사람에게 그것을 더욱더 즐기도록 부담을 주어서는 안 되는 것입니다.

텔레비전을 즐겨 보는 사람은 미사에 대해서도 비슷하게 이해할 위험이 있어요. 그는 수동적인 시청자로 머물고 만족할 우려가 있지요. 미사는 텔레비전보다 조용하고 다양성의 폭이 좁기 때문에 그런 이에게 닿는 것이 없어지고 맙니다. 미사가 단지 구경거리가 되고 말지요. 미사에 깊이 침잠하여 하느님의 말씀으로 감동을 받게 되면 다른 세계의 일로 전환되지요.

그리스도인들이 다른 대부분의 사람들이 하듯 거리에서 파는 대중잡지들을 읽고 그들이 보는 텔레비전 프로그램을 보는 것은 정상적인 현상인가요?

그리스도인들도 세상에서 살고 있으니 다른 사람들이 읽는 잡지들을 읽고 같은 TV프로그램을 보는 것은 정상적인 일입니다. 문제는 보는 내용에 대해 어떤 반응을 보이는가 하는 것이지요. 대중미디어가 제공하는 정보들에 무차별적으로 자신을 내맡기느냐 아니면 비판적인 시각을 유지하느냐가 관건입니다. 비판적인 시각을 가지면 일부 잡지나 TV프로그램을 보지 않을 수도 있지요.

교회가 그런 일에 자신의 역할을 소홀히 하지는 않았나요? 교회는 예전에 문화를 보호하고 후원하는 영감의 원천이었지요. 교회와 예술가 사이의 관계가 지난 수백 년이 진행되는 동안 서서히 풀려 버렸어요. 그래서 교회는 문화와의 관계에서 여러 측면에서 그 관계를 잃고 말았습니다.

교회는 예술을 단지 활용하고자 했고 간섭했지요. 예술가들이 자유인이 되어 세상을 자신의 방식대로 해석하고 대중의 관심을 끌기 위해 종교적 주제들을 소홀히 하는 것을 견딜 수 없어했지요. 교회는 오늘날 사회에서 영향력을 잃을까 노심초사하기 때문에 현대예술과의 대화를 더이상 시도하지 않고 있어요. 예술가들이 직접 자신의 예술을 가꾸고자 합니다. 그런 시도 때문에 교회로부터 간섭받기보다 자신의 직감만을 실현하고자 하는 최상의 예술가들을 잃고 있어요.

그 문제의 원인은 다른 여러 문제와 함께 교회가 예술에 대한 낡고 이미 지나간 표상들을 고집하는 태도에 있는 것 아닌가요? 신부님은 참된 예술은 아름답고 진실해야 하는 것으로 생각하시지요. 그러나 아름다움이란 미학적인 범주에 속

하는 것이어서 가변적입니다. 진실성도 문제가 됩니다. 예술가도 내적으로 진실할 수 있고 그의 진실이 교회의 관점과 다를 수 있지요.

중세 시대에 교회는 예술의 중요한 후원자였던 것은 틀림없는 일입니다. 교회는 예술가들이 자신의 생각을 실현할 수 있는 공간을 마련했지요. 예술의 본질적인 특징은 자율적으로 생각하는 것입니다. 다른 존재의 간섭을 허용하지 않아요. 예술은 세상에 대한 자신의 고유한 관점을 보여 주고자 하는데, 그것이 교회의 관점과 반드시 일치하지만은 않지요. 예술은 도전하고자 하지 교회의 복음 선포의 도구로만 머물려 하지 않습니다. 교회는 예술을 자신의 좁은 윤리적 잣대로 고찰해서는 안 되지요. 예술은 주변에서 일어나고 있는 것들을 드러내 보여 주고자 합니다. 예술은 우리에게 이상적인 세상만을 보여 주고자 하는 창문이 아니라 실제 세상을 그 배경에 있는 것들과 함께 보여 주는 창문입니다. 예술가들은 삶을 분홍색 안경을 통해 관찰하지 않아요. 그리고 오늘날의 세상은 일부 교도권자들이 기꺼이 원하는 그런 세상과 다릅니다.

오늘날을 살아가는 예술가들도 하느님을 찾고 자신이 지닌 동경을 자신의 방식대로 표현하고자 노력합니다. 그러므로 저는 교회가 예술과의 대화를 다시 시도하는 것이 옳다고 생각해요. 그러한 과정에서 대화를 교의적인 범주 안으로 제한하는 것을 피해야 합니다. 예술은 소위 말하는 넓은 공간을 필요로 해요.

신부님은 예술가들이 하느님의 신비에 대한 감각을 지니고 있다는 말씀을 하신

적이 있어요. 어떤 의미로 하신 말씀인가요?

예술은 언제나 신비와 어떤 관련을 맺고 있어요. 그런 것은 하느님을 위한 본질적인 표현입니다. 하느님께서는 본질적인 신비이지요. 하느님을 정확한 개념으로 파악할 수는 없고 오직 신비적 존재로 여겨 접근할 수 있을 뿐입니다. 이것은 비유로 가능합니다. 비유는 하느님을 정확한 학문적 전문용어보다 더 잘 제시하는데, 이런 점은 하느님의 영광을 반영하는 그림이나 조각상도 마찬가지입니다. 예술은 그것을 통해서 하느님 영광의 빛을 바라볼 수 있는 창문이지요. 음악도 초월을 향해 열린 창문입니다. 음악의 과제는 들을 수 없는 것을 들을 수 있게 하고, 고요를 들을 수 있는 존재로 만들지요. 그러므로 모든 예술가는 신비에 대한 감각을 지니고 있어요. 신비에 대한 감각을 자신 안에서 발견하는 사람은 하느님을 위한 감각도 발견할 수 있습니다. 그리스인들은 예술가는 하느님으로 가득차 있다고 말했지요. 그러나 예술가는 자신에게 깃든 하느님 표상을 답습하기를 거부합니다. 예술가는 자신의 내면의 직감을 따라 작업하지요.

신부님께는 예술이 구체적으로 어떻게 중요합니까?

아침마다 저는 이콘 앞에서 묵상을 합니다. 그리고 무엇보다 음악을 좋아하는데, 특히 모차르트, 베토벤, 하이든, 바하를 좋아해요. 음악에서 저는 하늘나라의 영광에 대해 짐작합니다. 저는 또한 그림, 조각 그리고 건축을 중요시합니다. 오래된 성당을 방문하면 그 공간 자체가 벌써 제게 치유를 가져다주어요. 저는 자주 그림이나 조각 앞에 머물러 서서 묵상합니다. 그러할 때 책을 읽는 것보다 더 많은 것이 떠오르는 경우가 종종 있어요. 그리고 또한 문학예술도 제게 중요해요. 저는 시와 소설을 즐겨 읽습니다. 문학에서 자주 인간의 신비에 대한 표현을 만나요. 소설 한 권을 읽은 후 하느님의 사랑에 대해 신학적 논문들을 읽었을 때보다 더 많이 이해하는 경우가 종종 있습니다.

교회는 현대에 들어와서 예술 분야에서만 잠을 잔 것이 아닙니다. 우리 시대의 가장 중요한 도전 중 하나로 사람이 갖는 피조물과 환경과의 관계를 들 수 있습니다. 신부님 생각으로는 오늘날의 그리스도인이 생동적인 자연과 경치 그리고 환경보호에 대해 어떤 관계를 맺고 있다고 생각하십니까? 교회는 이러한 주제들에 충분히 주의를 기울이고 있나요? 교회가 감상적인 생각으로 아시시의 프란치스코 성인 입장에 서 있는 것은 아닌가요?

긴 주기로 볼 때 교회가 환경과 생태 영역을 과소평가한 것은 사실인데, 특히 이성을 지나치게 강조한 계몽주의 시대에 그러했지요. 교회가 중요한 주제를 소홀히 하면 즉시 세속적인 영역으로부터 도전을 받습니다. 예를 들어 교회가 한때 단식하는 것에 대해 소홀히 한 적이 있었는데 그러자 의학이 이 문제를 진지하게 다루는 현상이 발생했지요. 지난 30년 동안 교회는 적지 않은 현실적인 문제들에 대해 잠을 자고 있었어요. 평화운동과 생태운동은 교회 밖에서 발생했습니다. 의식의 중요성에 대해서는 심리학에 의해 새롭게 발견되었고요. 다행히도 오늘날 이런 주제들에 대해 다시 관심을 갖고 있습니다.

자연과의 관계가 어떠한가는 인간이 건강한 정신적 삶을 살고 있는가를 측정하는 중요한 척도가 됩니다. 어떤 사람이 동물을 학대하게 되면 그의 신앙이 마음으로부터 우러나는 것이 아니라고 봐야지요. 베네딕토 성인께서 당신의 형제들에게 사물을 성스러운 존재라도 되는 듯이 대할 것을 벌써 요청하셨습니다. 건강한 영성은 피조물과 건강한 관계를 갖게 합니다. 그런데 지난 여러 해 동안 교회는 환경보호에 대한 문제를 상세하게 다루어 왔고 성경을 새로운 눈으로 읽고 있어요. 신학자들은 창조신학을 새롭게 발견했습니다. 초기의 많은 신학자들은 창조신학을 가르쳤는데 지난 삼백 년 동안 구원신학이 창조신학을 덮어 버리고 말았지요. 저는 교회가 오늘날 넓은 지역에서 생태신학과 환경보호에 관한 문제들에 대한 새로운 감각을 발전시키고 있는 것으로 생각합니다.

몇몇 생태학자들의 의견에 의하면 그리스도교는 오늘날의 환경문제에 책임이 있다고 합니다. 이들은 그 근거로 창세기의 땅을 정복하고 지배해라라는 말을 자주 듭니다. 이 말이 자연을 착취하는 방향으로 인도했다는 것입니다. 오늘날의 신학자들은 하느님의 이러한 요청을 어떻게 이해합니까?

그리스도교는 자신의 역사 안에서 창조신학을 소홀히 하고 일방적으로 구원신학을 설교했습니다. 그 결과로 지난 수백 년 동안 창조물을 보호하는 노력을 일차적인 목표로 삼지 않았지요. 창조 이야기의 말씀은 본질적으로 사람은 땅을 가꾸고 보호해야 한다는 것입니다. 중세 시대까지 자연을 가꾸는 것은 그리스도교에서 중요한 과제였습니다. 창조물의 아름다움에 대한 기쁨은 전례에 반영되어 있고 베네딕토 수도생활에도 반영되어 있기 때문이지요. 계몽주의 시대에 들어와서 인간은 자연에 대한 관계를 잃게 되었는데, 그 이유는 이성적 인식에 매혹되기 시작했기 때문입니다. 다른 한편으로 마리아 영성은 언제나 창조물에 대한 기쁨의 영성이었어요. 성모성월 노래는 마리아께서 창조물에 대한 기쁨을 노래한 것과 연계되어 있지요.

인간은 오늘날 새로운 과제들을 맞이하고 있습니다. 예를 들어 생물학적 기술의 발전은 복제기술의 윤리적 문제에 대한 검토를 재촉하고 있지요. 교회는 이러한 문제에 대해 어떤 역할을 해야 하고 어떻게 해야 교회의 노력이 단지 반대를 위한 반대에만 머물지 않을 수 있나요?

인간 생명의 시작과 마침을 어떻게 볼 것인가와 복제기술을 허용할 것인가 말 것인가 그리고 허용한다면 어떤 조건 하에서 허용할 것인가에 대한 대답은 오늘날 굉장한 파장을 불러일으킬 수 있습니다. 이와 같은 문제에 교회도 중요한 역할을 수행해야 하는 것은 명백합니다만 교회 혼자서 대답을 할 수 있지는 않지요. 교회는 학문들과 대화를 해야만 합니다. 윤리학자와 신학자, 다른 종교와 문화 그리고 세계의 풍속과 함께 씨름을 해야 합니다. 이 점에 대해서는 한스 큉이 오래전부터 강조해 왔어요. 학문과 기술이 오늘날 세계 전체에 미치는 영향에 대해 생각하지 않을 수 없습니다. 우리가 기술적으로 할 수 있거나 어떤 생각이 든다 하여 그 모든 것을 마음대로 해도 좋은 것은 아니지요. 윤리적 동의를 필요로 합니다. 그렇게 해야 우리 손으로 세상을 파멸시키는 일을 피할 수 있어요.

네덜란드와 벨기에에서 얼마 전에 안락사법을 통과시켰습니다. 그리고 일부 유럽 국가에서 죽음에 대한 적극적인 도움을 긍정적으로 생각해야 한다는 논의가 활발하게 일고 있습니다. 더이상 치유가 불가능한 사람이 자신의 인간적인 품위를 상실해 가면서까지 불필요한 고통을 견뎌 내야 하나요? 오늘날 일고 있는 이러한 경향들은 사람들이 이웃의 고통에 대해 이전보다 좀 더 민감하게 감지하고 있고 존엄하게 죽을 수 있는 권리를 인정하자는 표시가 아닐까요?

이러한 현상은 그보다 다른 어떤 것을 보여 줍니다. 현대인은 생명이 그 어떤 것으로도 대치될 수 없는 소중한 것임에 대한 감각을 잃었습니다. 삶과 죽음의 주인은 인간이 아니라 하느님이시지요. 죽음을 적극적으로 돕기도 해야 한다는 생각은 아무런 의미 없이 생명만 연장하는 것에 대한 반발로 나온 것은 틀림없어요. 사람이 자기 존엄을 유지하면서 죽을 수 있어야 하고 생명을 인위적으로 연장시키지 말아야 하겠지요. 그러나 죽는 시점을 내가 스스로 결정해서는 안 되지요. 그렇지 않으면 작별의 과정을 단축시킬 수 있기 때문입니다. 저는 아버지나 어머니의 죽어 가는 과정이 가정 전체가 서로 화해하는 구원의 길이 되고 삶에 대한 본질적인 질문을 하는 계기임을 자주 체험했습니다.

적극적인 죽음에의 도움은 고통은 별 의미가 없다는 생각에서 나온 경우가 많습니다. 고통을 당하게 된 사람은 건강을 가능한 대로 빨리 되찾든지 아니면 빠른 죽음을 통해 고통으로부터 벗어나야 한다는 것이지요. 그러나 당할 가치가 전혀 없는 것으로 고통을 인식하면 세상은 비인간적이 되고 맙니다. 그러할 경우 가정의 구성원들이 아버지나 어머니의 고통을 더이상 참을 수 없어서 죽음의 과정을 가능한 대로 빨리 끝내려고 압박하게 되지요. 그리스도교가 때로는 고통을 지나치게 높이 산 면이 있는 것도 사실입니다. 그러나 고통을 몰아내려고 하면 사회는 비인간적이 됩니다. 고통을 몰아내려는 태도는 공격성의 물결을 일으킬 것이지요. 고통을 받는 사람은 더이상 존재할 가치가 없어지게 될 것입니다. 고통을 견디기보다는 근절시킬 것이지요. 고통을 피하기 위해 죽일 것입니다.

많은 사람들이 자신은 죽음 자체에 대해서는 두려움이 없지만 죽어 가는 과정에 대해서는 두려움이 있다고 주장합니다. 이전에는 이와 반대였지요. 사람들은 영원한 저주에 대한 두려움을 갖고 있었습니다.

죽음에 대한 두려움은 다양한 측면을 지니고 있어요. 많은 사람들이 무엇보다 고통에 대한 두려움을 지니고 있고, 무기력한 상태에 대한 두려움을 갖는 사람들도 있으며, 다른 사람들의 도움에 의존해야 되는 것에 대한 두려움을 지닌 사람들도 있지요. 자신의 가족과 영원한 이별을 해야만 하는 것에 대한 두려움을 가진 사람들도 있어요. 알 수 없는 죽음에 대한 두려움을 지닌 사람들도 있고요. 많은 사람들이 심판에 대한 두려움을 지니고 있기도 하지요. 그리고 두려움도 다양한 각도를 지니고 있습니다. 한 번도 제대로 살아보지 못한 것을 인정해야만 하는 처지에 대한 두려움을 지닌 사람도 있고, 심판과 지옥에 대한 두려움을 지닌 사람들도 있지요.

신부님 자신도 죽음에 대한 두려움이 있습니까?

나는 사는 것을 무척 좋아하기 때문에 빨리 죽고 싶은 생각은 없어요. 이러한 범주에서 저는 교통사고를 당하여 사람들과 작별 인사도 못하고 죽지나 않을까 하는 두려움을 갖고 있습니다. 또한 더이상 명쾌하게 생각하지 못하는 사태가 오지나 않을까 염려하기도 해요. 그러나 심판과 지옥에 대한 두려움은 없습니다. 그러기에는 하느님 사랑의 손안에 들리라는 저의 믿음이 충분히 강합니다.

그럼에도 불구하고 신부님은 "영원한 저주"라는 개념을 사람들에게 어떻게 설명하시렵니까? 오늘날 지옥에 대한 두려움을 누구에게도 심어줄 수 없게 되었지요.

저는 사람이 어떤 일에 실패한 상태를 지옥이라고 언제나 설명합니다. 사람은 자기 삶의 방향을 완전히 잃을 수 있고 죽음 속에서 하느님을 만날 때 이러한 실패를 완고하게 붙들고 있을 수 있어요. 그러면 그는 자기 자신을 스스로 심판하고 지옥으로 빠져들게 됩니다. 하느님께서 직접 누구를 지옥으로 보내시는 일은 결코 없지만, 하느님을 만날 때 자기 자신을 폐쇄하고마는 사람은 스스로 자신을 하늘나라의 삶을 살아가는 공동체로부터 단절시켜 버리는 것입니다.

오늘날 강론 중에 지옥을 지나치게 강조하게 되면 사람들이 귀를 기울이지 않을 가능성이 큽니다. 악마나 마귀가 어떻게 생겼는지 정확하게 알고자 시도할 경우에는 "마귀를 요리해 내는 부엌"으로 빠져들고 말게 될 것이지요. 마귀는 존재하지 않을 것이라는 암시를 주는 것이 마귀의 가장 큰 책략이라는 말도 그저 생긴 것은 아닙니다. 악마나 마귀는 우리가 오늘날 대면하는 악의 현실에 대한 어떤 것을 알려주는 표상이지요. 악이 결코 파괴적이지 않은 것이 아니란 사실을 우리는 날마다 텔레비전과 다른 매체를 통해서 확인하고 있습니다.

자신의 죽음 이후에 다가올 것을 생각하는 것에 있어서 건강한 두려움과 건강하지 못한 두려움 사이의 경계선은 어디에 있다고 생각하시나요?

내가 어린아이였을 때 들은 지옥에 관한 강론은 저를 꼼짝도 못하게 묶어 버렸어요. 마음에 저주에 대한 두려움을 불러일으켰지요. 그러나 들을 때뿐이었고 잠시 뒤에는 잊혔어요. 지옥에 관한 두려움은 건강하지 못한 생각에 고정될 때 발생하는 것으로 볼 수 있습니다. 성경을 읽으면서 자신 안에 있는 두려움의 근거를 확인하게 되어 경직되는 것이 싫어서 성경을 읽지 못하는 사람들을 알고 있어요. 다른 한편으로 건강한 두려움은 자신의 삶을 진지하게 받아들여서 쓸데없는 짓을 하지 않게 합니다. 삶은 대단히 높은 가치를 지니고 있기에 우리는 사려 깊고 깨어 있어야 합니다. 그래야 자주적으로 살아갈 능력을 갖출 수 있고 하느님과 우리 자신 앞에서 굳건히 설 수 있습니다. 우리가 외부의 실제 모습을 있는 그대로 보지 않으려고 눈을 가릴 경우에 때때로 성경이 강렬한 말씀들로 우리의 눈을 개방시켜야만 하지요.

신부님의 삶에서 어떤 사람의 죽음이 신부님께 깊이 와닿은 적이 있었나요?

저의 아버지와 어머니의 죽음은 내게 깊은 체험이었는데 내 삶의 본질적인 뿌리를 새롭게 들여다보도록 했어요. 모든 감사에도 불구하고 이별은 그것을 체험하는 사람에게는 고통스러운 것입니다. 그러나 거듭된 슬픔을 통해 제 안에 항상 새로운 어떤 것이 성장해 나왔어요. 돌아가신 분이 내적 동반자가 되어 이제 나 자신이 다른 사람들을 위한 아버지나 어머니가 되어도 좋다는 느낌이었습니다.

그리스도교 신앙은 죽음 이후에 부활을 기대합니다. 그리스도인은 천국에 대해 구체적인 표상들을 가져야 합니까?

죽음 이후의 삶에 대한 우리의 모든 표상들은 인간적인 생각들이 혼합되어 있지요. 한편으로는 우리도 그 표상들을 필요로 합니다. 신학이 수십 년 동안 모든 표상들을 거부했기 때문에 사람들이 윤회의 가르침과 같은 다른 전통의 가르침에 기웃거리게 되었습니다. 성경은 죽음 이후의 삶에 대한 구체적이 표상들을 지니고 있지요. 그러나 우리는 그것은 단지 표상들인 것이고 최종적으로는 사도 바오로가 다음과 같이 한 말씀이 옳다는 것을 항상 인식하고 있어야 합니다. "어떠한 눈도 본 적이 없고 어떠한 귀도 들은 적이 없으며 사람의 마음에도 떠오른 적이 없는 것들을 하느님께서는 당신을 사랑하는 이들을 위하여 마련해 두셨다" 1코린 2,9.

현대인은 부활을 이해하기 힘들어 합니다. 부활의 신비를 오늘날 잘 이해시킬 수 있는 방법은 어떤 것일까요?

부활은 두 가지 측면을 지니고 있습니다. 우리는 두려움에서 믿음으로, 포기에서 희망으로, 무덤에서 삶으로 나아가기 위해 예수 그리스도의 부활을 이미 이곳에서 지금 언제나 다시 경축하고 있어요. 부활은 또한 죽음 안에서 우리를 기다리고 있는 삶을 의미하지요. 영혼의 불멸성에 관한 철학적 가르침과 하느님의 사랑으로부터 아무도 제외되지 않는다는 성서적 희망이 이러한 생각을 하는 데에 도움이 됩니다. 칼 라너나 라디슬라우스 보로스 Ladislaus Boros 가 한 것처럼 우리의 인간적인 삶을 철학적으로 고찰하면 사랑, 자유, 기쁨과 같은 우리의 모든 행동은 최종적인 충만을 보여 줍니다. 프랑스 철학자 가브리엘 마르셀 Gabriel Marcel 은 사랑한다는 것은 그 사람에게 "너는 결코 죽지 않는다"는 말을 하는 것을 의미한다는 주장을 했어요. 하느님의 사랑을 체험한 사람은 자신의 죽음 속에서도 그 사랑이 자신을 감싸 줄 것을 신뢰해요. 예수님의 죽음과 부활은 우리도 예수님처럼 죽음 안에서 하느님 사랑의 손안에 들어갈 것에 대한 확신을 우리에게 줍니다.

신부님은 천사에 대한 책을 여러 권 저술하셨지요. 신부님의 책들 중에서도 독일어권에서만도 금방 백만 명 이상의 독자를 확보하여 가장 빨리 베스트셀러가 된 『올해를 위한 천사』와 『영혼을 위한 천사』에 나오는 천사 100은 완전히 생소한 이름을 지니고 있습니다. 이들의 이름은 라파엘이나 가브리엘이 아니지요. 아라

멜 Arameel, **아케베에엘** Akebeeel, **라무엘** Ramuel 도 아닙니다. 부드러움의 천사, 동경의 천사, 용서의 천사, 기쁨의 천사, 평화의 천사 등의 이름을 지니고 있지요. 이들은 어떤 부류의 천사들인가요?

언급하신 이 두 권의 천사 책들은 본래 덕목에 관한 책입니다. 덕목들을 천사와 연결시킨 것이지요. 덕 Tugend 은 적합하다 taugen 는 단어에서 유래한 것입니다. 사람은 자신의 삶이 성공하기를 동경합니다. 그렇게 되도록 하기 위해서는 특정한 태도들을 가져야 한다는 사실을 압니다. 그러나 이러한 태도들을 이를 악물고 스스로 노력해서 확보해야만 하는 것은 아닙니다. 사랑의 천사가 그를 따라다니며 사랑 안으로 인도합니다. 사랑의 천사는 그로 하여금 자신 안에 이미 있는 사랑할 수 있는 능력과 접촉하도록 하지요. 종종 저는 천사의 이름을 카드들 위에 적어 놓고 피정이나 세미나에 참석하러 온 사람들로 하여금 하나를 뽑게 합니다. 그러면 그들은 놀랍게도 그들이 꼭 필요로 하는 천사를 뽑는 것입니다. 그들이 지금 당하는 곤경을 해결할 수 있는 태도로 안내하여 그들의 삶이 성취되도록 할 천사를 바로 그 순간에 선택하게 되어요. 저는 이러한 현상을 신학적으로 표현할 수도 있을 것 같아요. 그렇게 해 본다면, 천사들은 은총의 다양한 측면들을 표현한다는 말을 할 것입니다. 그리고 천사는 놀이와 같은 측면도 지니고 있어요. 나의 삶을 너무 무겁고 진지하게 여기지 말아야 하는 것을 알려 주지요. 천사는 나와 동행하여 나로 하여금 나 자신의 고유한 내면에 존재하는 가능성들을 만나게 합니다. 그런데 예술 작품들에서 천사들이 날개를 달고 있는 것은 그저 그런 것이 아니지요. 천사에 대해서는 정확하게 말할 수 없고 대충 어림짐작으로만 말할 수 있을 뿐입니다. 천사들은 도대체 누구인지, 누가 이들을 만들었는지 등 상세한 사항들에 대해 알고자 하면 천사들은 가볍게 날아가 버리고 맙니다.

천사들이 어디에 있지요? 천사들은 광고, 신비한 것을 언급한 곳, 영화, 시 그리고 집에 있는 사람들의 믿음 안에 있어요. 그리고 천사에 관한 보수적인 작품에도 있을 겁니다. 그런데 신학으로부터는 완전히 떠나 버렸지요. 그러한 것을 신부님께서 다시 발견하여 되돌려 놓은 것입니다. 신부님께서 그러한 일을 하도록 한 동기는 무엇인가요?

제가 20세기 60년대 말에 신학을 공부하던 때에 천사에 관한 가르침은 없었습니다. 몇 년 전까지만 해도 천사들이 저의 영적 삶에 별로 중요하지 않은 존재였어요. 물론 저는 미카엘, 가브리엘, 라파엘 대천사 축일의 축제에 함께했지요. 저는 베네딕토 성인이 우리는 천사의 면전에서 하느님을 찬양한다고 하신 말씀을 중요하게 여깁니다. 제가 천사에 대한 책을 쓴 것은 헤르드 Herder 출판사의 발터 Walter 박사에 의해서입니다. 그분은 제가 올해를 위한 50 천사에 대해 무엇을 좀 쓸 수 있겠느냐는 제의를 해 왔습니다. 그래서 저는 앉아서 단숨에 써 나갔습니다. 천사들이 직접 저로 하여금 그러한 일을 하도록 한 것으로 생각합니다. 물론 천사에 대해 공부를 하기도 했어요. 저는 교의신학자로서 그리스도교 전통에서 교의가 천사에 대해 어떤 말을 했는지 찾아 읽어 보았지요. 천사는 믿음의 중심에 자리잡고 있는 존재가 아닙니다. 그러나 천사는 사람에게 친절한 하느님에 대한 표상을 전달합니다. 하느님은 우리를 동행하도록 당신의 천사를 보내는 분이시지요. 그리고 천사들은 인간에 관한 긍정적인 표상을 보여 줍니다. 그리고 모든 사람이 다른 사람들을 위한 천사가 될 수 있어요. 사람을 일으켜 세우고 위로하는 천사 말입니다.

신부님은 틀림없이 천사들이 참으로 있는가라는 질문을 언제나 다시 받으실 것이지요. 그러한 질문에 거는 기대는 다양할 것으로 생각합니다. 심하게 의심하는 사람도 있고 쉽게 믿어 버리는 사람도 있을 텐데 신부님은 이들 양쪽에 어떤 답을 주시나요?

교의신학의 건조한 언어에도 불구하고 저는 그러한 이성적인 신학 문장으로 이렇게 대답합니다. "천사는 창조된 영적 존재이고 인격적 힘입니다." 천사는 개별적인 인격체가 아니라 인격적인 힘으로서 나의 인간성을 실현하도록 도와줍니다. 창조된 존재로서 이들은 체험할 수 있는 존재이지요. 천사는 꼭 필요한 시점에 나에게 다가오는 사람일 수 있어요. 천사는 나로 하여금 이것 또는 저것을 하도록 자극하고 힘을 내게 하는 내적 동인일 수도 있지요. 천사는 꿈속에서 나타나 내가 어떤 길을 걸어가야 하는지 알려 줄 수도 있어요. 천사는 또한 빛으로서 체험할 수 있는 존재이기도 합니다. 그리고 천사를 천사로서 체험할 수도 있고요. 천사는 내 마음대로 조정할 수 있는 존재가 아닙니다. 나는 오직 하느님께 나를 보호할 천사를 보내 달라고 청할 수 있을 뿐이지요. 그리고 나의 수호천사에게 자신의 날개로 나를 덮어 보호해 달라고 청할 수 있습니다.

신부님이 해설하신 천사들 중에서 가장 좋아하는 천사는 어떤 천사이며 신부님을 가장 많이 도운 천사는 어떤 천사인가요?

나의 수호천사가 많은 어려움으로부터 나를 보호하는 것에 대해 대단히 감사하고 있어요. 예를 들어 자동차 사고에서 저를 보호하고 내 안에서 일어나는 혼란으로부터도 저를 보호해 주지요.

신부님은 오늘날의 사람들이 천사에 대해 관심을 갖는 것은 초월에 대한 그들의 동경을 표현한 것이라는 말씀을 하신 적이 있어요. 동경은 열쇠와 같은 핵심 단어로서 신부님의 수많은 대답들에 등장합니다. 신부님의 저서들 전체에 걸쳐 산재하면서 해결의 실마리와 같은 작용을 해요. 신부님은 이 단어로 수많은 사람들의 행동이 지닌 의미를 풀어냈는데, 신부님 자신에 대해서도 말씀하신 적이 있어요.

제게 있어서 동경은 하느님께서 저의 마음에 새겨 놓은 자취입니다. 동경 속에서 저는 이 세상을 넘어 나아가지요. 동경 속에서 이 세상을 넘어서는 어떤 것을 제 안에 간직해 나갑니다. 동경은 어떤 거룩한 것이지요. 누구도 동경을 완전히 없앨 수 없어요. "동경은 사물들이 꽃을 피우게 한다"고 프랑스 시인인 마르셀 프루스트 Marcel Proust 가 말했습니다. 저의 동경 속에서 저의 삶을 바라보면 삶이 꽃피우기 시작합니다. 그러면 나의 직업이 무엇인지, 나의 친구들이 누구인지, 나의 내적 상태가 나의 바람들을 채우는지 이런 문제는 더이상 중요한 사항이 되지 못합니다. 가장 깊은 동경은 최종적으로는 오직 하느님만이 채울 수 있다는 것을 알게 되지요. 그러므로 동경은 나에게 긴장완화와 내적 평화를 선사합니다. 이것은 내가 나의 삶을 좀 더 낫게 개선하려는 노력을 하지 않는 것을 의미하는 것이 아니지요. 그러나 내 앞에 있는 가능성을 모두 성취해야만 한다는 생각에 고정되지 않는 것을 의미합니다. 내 안에, 내 앞에 보이는 모든 것을 넘어서는 어떤 것이 존재하기 때문에 나는 편안한 상태로 일터로 갈 수 있어요. 나의 일과 나의 관계들이 나의 동경을 온전히 채워야만 하는 것은 아니기 때문에 이들은 꽃을 피울 수 있습니다. 나는 과중한 일과 관계들을 통해 나의 동경을 채워야만 하는 것이 아니기 때문에 일과 관계들을 즐길 수 있지요. 동경은 최종적으로는 하느님을 향합니다. 그러나 동경은 또한 고향과 안식처, 생명력과 사랑, 자유와 넓음, 깨끗함과 순수함을 동경하는 것에서 자신을 드러내기도 합니다. 이러한 모든 동경 안에서 동경은 도저히 다 파악할 수 없고 말로 다 설명할 수도 없는 하느님을 드러냅니다. 이 하느님은 어떠한 눈도 본 적이 없고, 어떠한 귀도 들은 적이 없는 것을 우리에게 마련해 놓으셨습니다. 1코린 2,9 참고

안셀름 그륀 신부님이 천사가 되어야 한다면 어떤 종류의 사신이 되어야 하나요? 그는 사람들에게 어떤 것을 선포할까요?

제가 천사가 되어야 한다면 하느님께서는 모든 사람을 아무런 조건 없이 사랑하시고 참된 자유를 선사하시며 각자 지닌 상처들을 치

유하신다는 사실을 사람들에게 선포하고 싶습니다. 또한 동시에 사람들의 눈을 뜨게 하고, 마음을 열게 하며, 사랑을 가득 지니신 하느님을 받아들이도록 하고 싶습니다. 또한 그들에게 자기 자신을 심판해서는 안 된다는 말을 하고 싶습니다. 하느님께서는 그들을 있는 그대로 받아들이시고 회개와 쇄신의 길을 제공하시기 때문입니다. 사람들이 이러한 길을 걸어가면 그들의 삶은 성취될 것입니다.

*이 책은 대구가톨릭대학교 일반대학원 종교영성학과 박사과정 졸업자와 재학생들의 부분 참여로 재 출판하였습니다.

권순도, 김수환, 김선희, 김용희, 김중석, 박민아, 박소희, 박하영, 신현미, 우웅택, 윤상희, 이수연, 전미경, 정성애, 채창헌, 홍성민

수도승에게 듣는 시대의 질문에 대한 지혜
더 넓은 곳을 향하여

발행일 2024년 12월 1일
지은이 안셀름 그륀
역자 전헌호
발행처 불휘미디어
　　　　경상남도 창원시 마산합포구 오동동10길 87
　　　　(055) 244-2067
　　　　2442067@hanmail.net

가격 15,000원
ISBN 979-11-92576-70-1　03230